全集

伝え継ぐ　日本の家庭料理

肉・豆腐・麩のおかず

（一社）日本調理科学会　企画・編集

はじめに

日本は四方を海に囲まれ、南北に長く、気候風土が地域によって大きく異なります。このため各地でとれる食材が異なり、その土地の歴史や生活の習慣などともかかわりあって、地域独特の食文化が形成されています。地域の味は、親から子、人から人へと伝えられていくものですが、食の外部化が進んだ現在ではその伝承が難しくなっています。このシリーズは、日本人の食生活がその地域ごとにはっきりした特色があったとされる、およそ昭和35年から45年までの間に各地域に定着していた家庭料理を、日本全国での聞き書き調査により掘り起こして紹介しています。

この本では、肉や卵など魚介類以外の動物性たんぱく質の食品と、豆腐や麸などの植物性たんぱく質の食品を使った料理91品を取り上げました。昭和35年にほぼ2：1だった魚介類と肉・卵類の摂取比率が、45年には1：1と、急速に肉・卵の消費が増えましたが、庶民の感覚としてはまだまだ貴重品だった時代の料理です。

自宅でさばいた鶏はみんなで囲む鍋になり、豚や牛、羊や馬やくじらは地域ごとの産業や伝統と関連しながら皮や内臓も余すことなく食べられてきました。いのししや蜂の子、イナゴなど、とって食べる獣や虫の料理は、他の生命をいただいて生きる営みを改めて思い出させてくれるようです。

ゆでてかたくしめた豆腐を主役にした煮物は、ボリュームたっぷりの主菜、ごちそうです。加工品である凍り豆腐や副産物であるおからも含めて、食卓での豆腐の存在感は今よりもずっと大きいものでした。

聞き書き調査は日本調理科学会の会員が47都道府県の各地域で行ない、地元の方々にご協力いただきながら、できるだけ家庭でつくりやすいレシピとしました。実際につくってみることで、読者の皆さん自身の味になり、そこで新たな工夫や思い出が生まれれば幸いです。

２０１８年2月

一般社団法人 日本調理科学会 創立50周年記念出版委員会

目次

イラスト／武藤良子（目次、p122、124）

凡例

◎「著作委員」と「協力」について

「著作委員」はそのレシピの執筆者で、日本調理科学会に所属する研究者です。「協力」は著作委員がお話を聞いたり調理に協力いただいたりした方（代表の場合を含む）です。

◎ エピソードの時代設定について

とくに時代を明示せず「かつては」「昔は」などと表現している内容は、おもに昭和35～45年頃の暮らしを聞き書きしながらまとめたものです。

◎ レシピの編集方針について

各レシピは、現地でつくられてきた形を尊重して作成していますが、分量や調理法はできるだけ現代の家庭でつくりやすいものとし、味つけの濃さも現代から将来へ伝えたいものに調整していることがあります。

◎ 材料の分量について

・1カップは200mℓ、大さじ1は15mℓ、小さじ1は5mℓ。1合は180mℓ、1升は1800mℓ。

・塩は精製塩の使用を想定しての分量です。並塩・天然塩を使う場合は小さじ1=5g、大さじ1=15gなので、加減してください。

◎ 材料について

・油は、とくにことわりがなければ、菜種油、米油、サラダ油などの植物油です。

・濃口醤油は「醤油」、うす口醤油は「うす口醤油」と表記します。ただし、本書のレシピで使っているものには各地域で販売されている醤油もあり、原材料や味の違いがあります。

・味噌は、各地域で販売されている味噌を使っています。

・「玉ひも」「キンカン」は、鶏の内臓にある卵になる前の卵黄部分、内臓卵です。「ちょうちん」「みち」とも呼ばれます。

・「豆腐」は木綿豆腐です。

・おからは、乾燥したものではなく生のものを使います。

計量カップ・スプーンの調味料の重量（g）

	小さじ1（5mℓ）	大さじ1（15mℓ）	1カップ（200mℓ）
塩（精製塩）	6	18	240
砂糖（上白糖）	3	9	130
酢・酒	5	15	200
醤油・味噌	6	18	230
油	4	12	180

鶏の料理

鶏は、家庭で卵をとるために飼われていた身近な家畜でした。祝いごとや祭りなどがあるとつぶして、ごちそうとしてふるまわれたのです。肉はもちろん、内臓も卵も、骨もだしをとり、丸ごと食べつくします。大勢で食べる鍋料理から煮物、刺身まで紹介します。

〈愛知県〉

名古屋コーチンのひきずり

ひきずりは、鶏肉をよく使う名古屋ならではのすき焼きです。かつては大みそかにひきずりを食べて、不必要なものを引きずらないで新年を迎えるという習慣があったそうです。江戸時代には地元の越津《こしつ》ねぎというやわらかい葉ねぎを使いましたが、今は生産量が少なく、一般のねぎが使われます。肉は名古屋コーチン。江戸時代末期に中国から渡来した九斤(コーチン)と他の鶏の交配で、明治時代に愛知県で育種された地鶏です。肉は赤みを帯びてややかたく、特有の香りとうま味があります。

料理名の由来は、鍋の上で肉を引きずるようにして食べるから、鍋からとんすい(小鉢)に取るときの動作からと諸説あります。牛肉のすき焼きと違って鶏肉はもも肉・むね肉・キンカン(内臓卵)と部位の違いがあるため、いろいろな味と食感が楽しめます。たれに八丁味噌を使うと、食材とよくからんでおいしさが増します。

協力=志村智恵子、武田郁代
著作委員=小出あつみ、間宮貴代子

<材料> 4人分

名古屋コーチン肉(もも肉・むね肉・
　キンカン)…400g
長ねぎ…400g(2本)
焼き豆腐…180g
角麩*…120g(1/2枚)
糸こんにゃく…200g
椎茸…4枚
白菜…200g(2枚)
春菊…1束
にんじん…40g
卵…4個
割り下(500mℓ分)
　醤油…2/5カップ(80mℓ)
　みりん…2/5カップ(80mℓ)
　八丁味噌(豆味噌)…45g
　砂糖…25g
　鶏ガラスープまたは水
　　…1.3カップ(260mℓ)

*小麦粉のグルテンを練りかためた生麩の一種で、角麩はおもに名古屋市を中心とした尾張地方および岐阜県美濃地方で食べられている。整形時にすだれを使うため、四角形で表面に波状の模様がつく。適当な大きさに切ったのち、おもに煮物の食材として使われるが、炒め物や揚げ物に使われることもある。

<つくり方>

1 肉はひと口大のそぎ切りにする。
2 ねぎは斜め切り、焼き豆腐と角麩は八つ切り、椎茸は飾り切りにする。
3 糸こんにゃくは熱湯でゆでて適当な長さに切る。白菜は葉と軸に分けて葉はざく切りし、軸はひと口大にそぎ切りする。
4 春菊は茎のかたい部分をとり除き、5cm長さに切る。にんじんは5mm厚さの輪切りにして型で抜いてゆでる。
5 1から4をきれいに大皿に盛る(写真①)。
6 割り下のみりんを鍋に入れて沸騰させ(煮きりみりん)、ここに八丁味噌以外の材料を入れて煮立てる。最後に八丁味噌を溶かす。
7 すき焼き鍋を火にかけ、十分に鍋を焼いてから肉を皮側から焼いて脂肪を溶かし(写真②)、肉を炒める(写真③)。ここに割り下を鍋底が隠れる程度に入れ(写真④)、他の材料も適宜入れる(写真⑤)。
8 汁けがなくなったら割り下を入れる(写真⑥)。材料に火が通ったら、卵を溶いて、具をつけて食べる。

◎コーチンの肉は焼きすぎるとかたくなるので、注意する。最後にうどんなどを入れる。

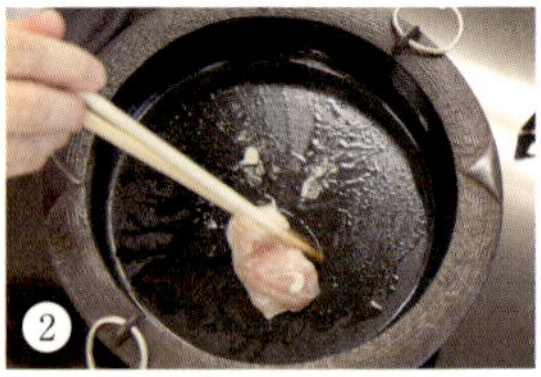

撮影／五十嵐公

〈群馬県〉

鶏肉とねぎの煮こみ

県西部の下仁田《しもにた》町を含む甘楽《かんら》・富岡地域でつくられる下仁田ねぎを使った、体の温まる冬のごちそうです。下仁田ねぎは根深ねぎ(長ねぎ)の一種で、白根が太く短く肉質はやわらか。煮こむととろけるような食感と特有の甘みがあり、徳川幕府への献上品とされたことから「殿様ねぎ」とも呼ばれます。「下仁田ねぎは下仁田におけ」といわれ、下仁田のごく限られた地域でしかおいしく育たず、数キロ離れても味が違うそうです。

生では辛みが強いため、薬味にするより加熱料理に広く用いられます。地元では出荷しないカスねぎを玉ねぎのように、野菜炒めや親子丼、カレーなどにも使います。

なかでも肉とねぎの煮こみは、厚めに切ったねぎが肉のうま味を含みさらにおいしくなります。昔はねぎができる頃に特別な来客があると鶏をつぶし、囲炉裏でねぎと畑の野菜をたっぷり入れ味噌で煮こみました。ときにはいのししや豚でもつくったそうです。

協力＝高岸裕代　著作委員＝阿部雅子

撮影／高木あつ子

＜材料＞4人分

鶏もも肉…400g
下仁田ねぎ…2本(200g)
白菜…2～3枚(300g)
椎茸…8枚(100g)
焼き豆腐…1丁(300g)
にんじん…2/3本(100g)
ほうれん草…1/2束(150g)
水…3カップ
味噌…大さじ4
醤油…大さじ2
砂糖…大さじ2

＜つくり方＞

1 肉はぶつ切り、ねぎは1.5～2cm厚さの斜め切りにする。白菜はざく切り、椎茸は2等分、焼き豆腐は8つに切り、にんじんは3～4mm厚さに縦に切る。いずれも大きめに切る。
2 ほうれん草はかためにゆで、4～5cm長さに切る。
3 土鍋に分量の水を煮立て、調味料を加えて煮汁をつくる。
4 煮汁にほうれん草以外の具を入れ、やわらかくなるまで煮る。
5 ほうれん草を加え、ひと煮立ちしたら器にとり分ける。

〈岐阜県〉

ひこずり

鍋の中の具に火が通っていい香りが漂い、食べ頃になると、待ちかねた家族が競って箸をのばして肉をひこずり（ひきずり）ながら食べたので、「ひこずり」と呼ばれるようになりました。かつては家々で鶏を飼っており、来客時や家族の祝いごとのときなどに鶏をつぶしてつくったごちそうです。調理法としてはすき焼きの一種ですが、アルマイトの鍋で炒りつけてから煮こんでいました。

鶏は手羽の部分や肝などの内臓も余すところなく食べていました。また、角麩や紅色のかまぼこなど、地元ではおなじみの食材が入ってボリュームアップしていますが、初めて見た人にはこの形や色が珍しく映るようです。角麩は生麩の一種で、椎茸や昆布、にんじん、ごぼうなどとともに濃いめに味つけした煮しめに入れ、精進料理として法事の膳に用いられていました。ひこずりは、鶏肉にかまぼこ、豆腐に麩と、食べごたえのある具がたくさん入った贅沢な料理です。

協力＝上田一江、別府憲子、小森正子
著作委員＝長野宏子

撮影／長野陽一

<材料> 4人分

鶏肉*…500g
角麩**…2枚（250g）
かまぼこ…1板（100g）
豆腐…1丁（300g）
こんにゃく…1袋（250g）
白菜…1/4株（500g）
長ねぎ…1本（100g）
酒…1/2カップ
砂糖…大さじ5
醤油…1/2カップ
油…適量

*もも、むね、手羽、肝など部位は好みでよい。
**角麩についてはp6を参照。

<つくり方>

1. 肉は食べやすい大きさに切る。こんにゃくは短冊に切る。白菜は5cmくらいに、ねぎは斜め1cmくらいの薄切りにする。角麩は模様を横に切るように薄切りにする。かまぼこは5mm程度の厚さに切る。豆腐は8等分する。
2. 鍋に油をひき、肉を炒りつけ、少し焼き色がついたら、角麩、かまぼこ、白菜、こんにゃくを入れて煮る。
3. 2の全体に火が通ったら豆腐を入れてひと煮立ちさせる。
4. 酒、砂糖の順に加え、醤油は味をみながら2〜3回に分けて入れる。
5. 中火で5分くらい煮る。最後にねぎを加え、ひと煮立ちさせる。

〈大阪府〉

かしわのすき焼き

かつての農村部では、田植えや祭り、祝いごとなどのもてなしに自宅で飼っていた鶏をしめてすき焼きを楽しみました。大阪府の最北端に位置し、山あいに棚田が広がる能勢町では、秋は鍋の用意をして山へ松茸狩りに行き、炭火をいこして(おこして)、みなでゴザを敷いてとれたての松茸を入れたすき焼きを食べたりしたそうです。

鶏をつぶすと肝、砂ずり(砂肝)、玉ひも(内臓卵)などの内臓も出るので、それらも鍋に加えました。鶏以外の材料もそのときにとれる自家製の野菜や山のきのこなどが中心で、買ってくるものはほとんどありませんでした。

家でしめた鶏の肉はかためですが、噛んでいるうちにうま味とコクが出てきます。名古屋コーチンなどの銘柄鶏を飼っている人もあり、それをしめて食べるすき焼きはおいしさもひとしおです。1年ほど飼った鶏は黄色く味の濃い脂がしっかりつき、一般的なブロイラーの肉でも、その脂で炒りつけるとグンとおいしくなります。

協力＝加堂幸三郎、加堂裕規、松村勝子、山本善信・桂子　著作委員＝東根裕子

撮影／高木あつ子

＜材料＞ 4人分

鶏すき焼き用肉*…550g
油または鶏の脂…適量
砂糖…40g
醤油…80g
椎茸……12枚(200g)
白菜…1/5株(550g)
葉玉ねぎ…3個(200g)
新玉ねぎ…2個(400g)
糸こんにゃく…200g
焼き豆腐…1丁(380g)
卵…4個

*もも肉などを大きめにそぎ切りしたもの。飼っている鶏をつぶした場合は廃鶏であったり、よく運動していて肉がかたい場合が多いので、売り物よりも小さめに切るとよい。

＜つくり方＞

1 野菜、椎茸、糸こんにゃく、焼き豆腐は食べやすい大きさに切る。
2 すき焼き鍋を熱し、油をひく。鶏をつぶしたときに出る脂があればそれをひいて(写真①)肉を炒める。
3 肉の色が変わってきたら(写真②)、野菜や椎茸を入れる。その上から砂糖を加え、醤油を入れる(肉の上に野菜や椎茸をかぶせて蒸し焼きのようにしてもおいしくできる)。
4 野菜がしんなりしてきたら、豆腐や糸こんにゃくを入れて煮こむ。
5 具に火が通ったら、卵を器に溶いて、具をつけながら食べる。

写真／五十嵐公

<材料> 2〜3人分

かしわ（鶏もも肉・むね肉）…200g
玉ひも（キンカン）…適量
高野豆腐…1〜2枚
焼き麩…5〜10g
糸こんにゃく…1丁分（板こんにゃく1丁を細切りにしてもよい）
長ねぎ…1/2本
玉ねぎ…1個（150g）
にんじん…1/3本
なす*…1本
そうめん…1束
砂糖…大さじ2〜3
醤油…大さじ2
酒…大さじ3〜4
みりん…大さじ1〜2
油…適量
卵…各自1個

*季節の野菜なら、なすに限らずなんでもよい。

<つくり方>

1 高野豆腐は戻してひと口大に切る。そうめんはゆでる。
2 鉄鍋に油をひき、肉を炒め、砂糖を加えてから醤油、酒、みりんを加える。
3 適当な大きさに切った野菜、玉ひも、糸こんにゃく、麩、高野豆腐、そうめんを入れて味を確認し、必要に応じて水や調味料を加え、味を調える。
4 各自、取り椀に卵を割り入れて、鍋の具と混ぜて食べる。

〈奈良県〉

かしわのすき焼き

今の大和高田市ですき焼きといえば牛肉。かしわ（鶏肉）のすき焼きを食べることは少なくなりましたが、食卓に肉があがることが少なかった昔は牛肉はもちろん、鶏肉を食べるのも特別でした。祝いごとや祭りの日、農繁期やかきもちなどの加工食品づくりで手伝ってもらった近隣の人たちにふるまう料理でもありました。

すき焼きをする日は庭で飼っていた鶏を家族の誰かが、おもに父親がつぶします。それを見た子どもたちは、今日はすき焼きだとわくわくしたそうです。なかでも「(玉)ひも」や「キンカン」と呼ぶ鶏の内蔵卵はとびきりのごちそうで、子どもたちは競って食べました。すき焼きにはももやむね、そして玉ひもを使い、手羽先は根菜を炊く際、だしに使ったそうです。

そうめん、高野豆腐も入りますが、そうめんは「しめ」ではなく、初めから他の食材と一緒に煮こみます。高野豆腐もそうめんも煮くずれしにくく、鍋の汁を吸っておいしくなるのです。

協力＝西川智津子、田中千香子、影山博子
著作委員＝喜多野宣子、志垣瞳

〈福岡県〉

水炊き

福岡県の水炊きは、鶏ガラでスープをつくり、骨ごとぶつ切りにした鶏肉や内臓を季節の野菜とともにいただきます。もとは中国風の鶏肉の淡塩煮《たんしおに》であるとか、外国から伝わった洋風のスープであるといわれ、博多地区を本場として全国各地に普及しました。

福岡北部の筑前では黒田藩（福岡藩）が養鶏を奨励していた歴史があり、庭先で鶏を飼う家庭も多く、祭りや客が来ると鶏をつぶし、丸ごと使ってさまざまな料理をつくりました。水炊きは冬場、客が来たときのもてなし料理でした。

水炊きのスープには澄んだものと白濁したものがあり、どちらも鶏ガラをじっくり煮こんでつくります。煮立てなければ透明に、煮立てて骨の髄までスープに煮出せば白濁します。食べ方は、まずスープに塩少々とねぎを入れて飲み、それから鶏肉を食べ、スープの味が濃くなったところで野菜を煮ます。しめに入れるもちやうどん、ご飯にスープを吸わせ、すべての栄養を余すことなくいただきます。

協力＝楠喜久枝、松隈キミコ
著作委員＝松隈美紀

＜材料＞ 4人分

鶏骨つき肉*…1kg
スープ
- 鶏ガラ…600g
- 水…2ℓ
- 塩…ひとつまみ

砂ずり（砂肝）、肝（レバー）
…各2羽分
豆腐…1丁
春菊…1/2束
白菜…1/4株
カリフラワー…150g
にんじん…花形にしたもの4枚
椎茸…4枚
もち、うどん、ご飯…適量

塩…適量
ポン酢醤油
- 酢、醤油…各1/4カップ
- だいだい酢、みりん…各大さじ1

小ねぎ…20g
紅おろし
- 大根…100g
- 赤唐辛子…2本

*もも、手羽などのぶつ切り。手に入らないときは鶏もも肉でよい。

＜つくり方＞

1 スープをつくる。鶏ガラに熱湯をかけ霜降りにしてから水で洗い、血の塊や残っている内臓をとり除く（写真①、②）。

2 鍋に分量の水と塩、ガラを入れて強火で炊いてアクをとり（写真③）、軽く沸騰させながら1時間ほど煮る（写真④）。アクが出たらこまめにとる。

3 1/2量ほどになったらガラをとり出し、すりこぎでたたいて砕く（写真⑤）。ガラを鍋に戻し、最初の1/3量になるまで煮つめ、布巾を敷いたザルでこしてスープをとる。

4 骨つき肉を別の鍋に入れて肉の約2倍の湯（分量外）を入れ、アクをとりながら25分ほど強火で煮る。火を止めたあと蓋をして30分ほど蒸らすと骨離れがよくなる。

5 砂ずり、肝はそぎ切りにし、水にさらして血抜きをしてゆでる。

6 豆腐や野菜、椎茸は大きめに切り、**5**とともに器に盛る。

7 ねぎは小口切りにする。紅おろしは、大根に切りこみを入れ、赤唐辛子を差しこんですりおろす。

8 食卓用の鍋に**4**の鶏肉をすべて移し、**3**のスープを加えて煮る。スープを湯のみにとり、塩と薬味のねぎを入れて味わってから、ポン酢醤油とねぎや紅おろしで肉を食べる。途中から豆腐や野菜も加えて煮ながら食べる。最後に残ったスープにもちやうどん、ご飯を入れて雑炊にしてもおいしい。

①

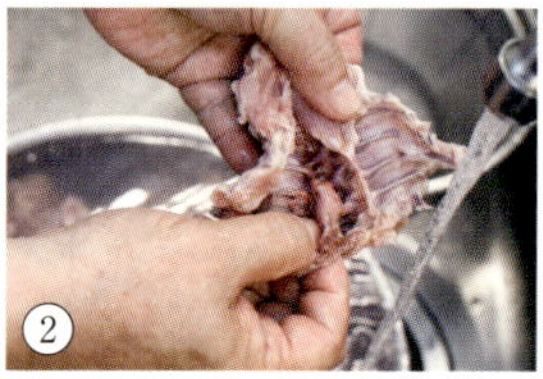
②

③

④

⑤

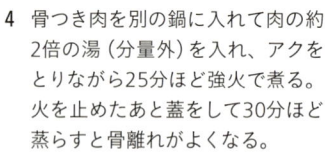

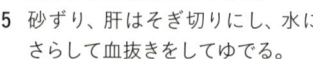

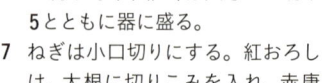

撮影／長野陽一

〈長崎県〉

ひきとおし

　壱岐は長崎県北部に位置し、福岡県と長崎県対馬市の中間に浮かぶ離島で、田んぼも多く米もよくとれ、漁場にも恵まれており、自給自足できる豊かな島です。昔のたんぱく質源はおもに魚でしたが、農家ではどの家も庭先で鶏を飼っており、肉といえば鶏でした。家で飼っていた廃鶏を利用して、盆、正月、祭り、共同作業のときは、家でとれる野菜と煮こんでひきとおしをふるまったのです。

　味つけは醤油と砂糖とシンプルで、鶏ガラのだしがきいてコクとうま味があります。キンカン（内臓卵）の黄色が映えて色合いが鮮やかで、たくさんの野菜に豆腐、こんにゃくと、ボリュームがあるのですが、不思議と満腹になっても箸が進みます。客を座敷に招きあげて（引き通して）もてなしたところからこの名がついたそうです。最近は家で鶏をさばかなくなりましたが、精肉店に注文すれば、鶏1羽分をさばいてパックに詰めてくれ、ひきとおしは今も家庭で食べられている**郷土料理**です。

協力＝松熊節子（壱岐地区生活研究グループ）
著作委員＝石見百江、冨永美穂子

<材料> 5〜8人分

地鶏（肉、キンカンなど）…500g
壱州豆腐*…1/2丁（500g）
ごぼう…1〜2本（300〜400g）
こんにゃく…1枚（250g）
そうめん…2〜4束（100〜200g）
椎茸…5枚（100g）
白菜…1/4株（500g）
春菊…1束（100〜150g）
長ねぎ…1本（100〜150g）

- 鶏ガラ（1羽分）…300g
- 水…5カップ
- 醤油…1と1/4カップ（250mℓ）
- 酒…1/2カップ
- 砂糖…50g
- みりん…1カップ

*壱岐伝統の豆腐で、普通の倍量の大豆を使い、大きくてかたく味が濃い。

ひきとおしの材料。鶏肉は店でひきとおし用に切り分けてくれる

<つくり方>

1 鶏ガラは流水で洗って血の塊などを落とし、分量の水を入れて2〜3時間かけて弱火でアクをとりながらコトコト煮る。だしはこしてガラは除く。

2 ごぼうは太めのささがき、こんにゃくはアク抜きをして手で小さくちぎっておく。鶏肉は手羽先、手羽元以外は1〜2cm幅に切る。

3 **1**のだしの中に手羽先と手羽元、**2**の野菜と鶏肉、調味料を入れて20〜30分煮る（写真①）。

4 そうめんは別鍋でかためにゆで、食べやすい大きさにまとめる。

5 椎茸は十字に切り込みを入れ、豆腐は4cmの角切りにし、白菜、春菊、ねぎは3〜4cm長さに切る。

6 鶏肉がやわらかくなったら**5**の材料やキンカンを加え、最後に**4**のそうめんを入れる。

7 全体に火が通ったら器にとり分ける（写真②）。

①

②

写真／長野陽一

〈長崎県〉

いりやき

対馬に古くから伝わる鍋料理です。メインに鶏肉か魚を使いますが、鶏肉を油で炒ってから煮ていたため「いりやき」と呼ばれるようになったという説があります。冠婚葬祭、各種の行事、来客の際にふるまわれ、とくに秋から冬の鍋料理です。昔は鶏をつぶして一日かけてじっくり煮こんだそうです。

いりやきには、味や歯ざわりのよい島在来の対馬地鶏が使われてきました。加えて、鍋のしめの対州そばは、原種に近いソバで、縄文時代に中国から対馬に伝えられたといわれています。特産の原木椎茸も肉厚で味わい深く、いりやきは対馬の産物とともに、今に受け継がれてきました。

入れる野菜は緑や白の野菜のみで、にんじんのような赤い野菜はなぜか使いません。海の近くでは魚、内陸部では鶏を使うところが多く、魚か鶏のどちらかで、一緒に鍋に入れることはほとんどないようです。鶏を炒める、炒めないも家庭によって違い、同じ県内の島、五島にはキビナゴのいりやきもあります。

協力＝対馬市食生活改善推進協議会厳原支部
著作委員＝冨永美穂子、石見百江

写真／長野陽一

<材料> 4人分

だし汁（昆布とかつお節の混合だし）…4カップ
地鶏のもも肉*（できれば骨つき）…200g（正味）
椎茸…4枚（60g）
ごぼう…1/4本（40g）
こんにゃく…1/2枚（100g）
白菜…2枚（200g）
長ねぎ…1本（100g）
うす口醤油…大さじ1
醤油…大さじ1
塩…小さじ1/3（2g）
酒…小さじ2
対州そば**（ゆで）…4玉

*メジナ、ブリなどの魚でもよい。肉か魚のどちらかでつくる。
**対馬に残っている原種に近い品種のソバで打ったそば。
◎野菜は、白菜、長ねぎ、春菊、大根など緑や白のものを使う。

温めたそばを入れて、上から鍋の具と汁をかける

<つくり方>

1 混合だしに、ぶつ切りにした地鶏を入れて数時間ほどかけて煮こんでだしをとる。
2 椎茸は4等分に切る。ごぼうはささがきにして水にさらす。こんにゃくは1cmほどの短冊に切る。白菜、ねぎは食べやすい大きさに切る。
3 1のだし汁にごぼう、椎茸を入れて煮立ったら、こんにゃくを入れて煮る。
4 ごぼうがやわらかくなったら、調味料を入れる。
5 白菜、長ねぎを入れてやわらかくなればできあがり。
6 対州そばはさっと沸騰した湯に通して温めて水けをきる。電子レンジで温めてもよい。鍋には入れず、器に直接盛って具と汁をかけて食べる。

◎しめの麺はそうめんや細うどんでもよい。雑炊はつくらない。

〈石川県〉

治《じ》部《ぶ》煮《に》

小麦粉をまぶした肉を麩や野菜と一緒に煮て、とろみがついたあんでうま味をとじこめ、具もだしも余さずいただきます。全体の味をひきしめるのは薬味のわさび。「じぶ椀」と呼ばれる蓋つきの浅い金沢漆器や輪島漆器に盛りつけます。もとは金沢の郷土料理ですが、今では全県に広がりました。

昔は秋冬に北から渡ってくる鴨でつくりましたが、今は家庭では鶏肉を使うことが多いです。魚でもつくり、金沢では青菜だけを添えた「さわら(かじきまぐろ)」の治部煮をよく食べます。

金沢特産のすだれ麩も治部煮に欠かせません。生地をすだれに包むので模様がついて味がしみやすく、治部煮の他にも卵とじ、ちらしずし、のり巻き、茶わん蒸し、すき焼きなどにも入れる身近な食品です。かつては近所に麩を製造しているところが数軒あり、袋入りでなく必要なだけ買ってきて使いました。

とろみのついた治部煮は秋冬によく食べていましたが、今では通年になり、夏は青菜に加賀野菜の「金時草」がよく使われます。

著作委員＝川村昭子、中村喜代美、新澤祥恵

撮影／長野陽一

<材料> 4人分

- 鶏もも肉…240g
- 小麦粉(中力粉)…適量
- すだれ麩*…1枚
- 椎茸…4枚
- ゆでたけのこ…1本(130gくらい)
- 青菜…60g
- だし汁(昆布とかつお節)…2カップ
- 砂糖…大さじ2
- 醤油…大さじ4
- 酒…大さじ2
- わさび…少々

*生麩の一種で、すだれに包んでゆでることで模様がつく。グルテンに米粉を加えており独特の食感がある。

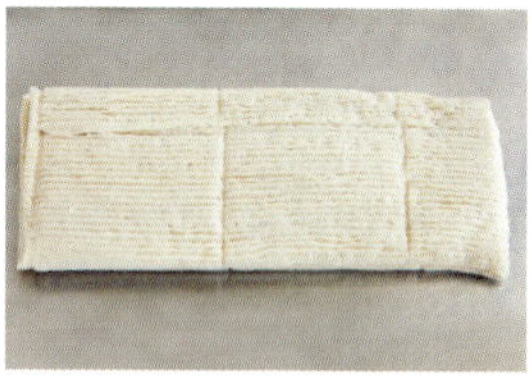

加賀のすだれ麩。7×30×1cmほど。特注品で厚さが2～3倍の豪華な「重ね麩」もある

<つくり方>

1 肉は大きめのぶつ切りかそぎ切りにする。

2 すだれ麩は水で洗うか、さっと湯通しして大きめに切る。椎茸は飾り包丁を入れる。青菜はゆでて3cm長さに切る。たけのこは適当な大きさに切る。

3 肉に小麦粉をたっぷりまぶし、だし汁と調味料を煮立てた中で煮て、とり出す。

4 残った煮汁で、すだれ麩、椎茸、たけのこを煮る。

5 お椀に肉、その他の材料を盛り、青菜を添え、とろみのついた煮汁をかけ、おろしわさびを天盛りにする。

◎青菜はせりが一般的だがほうれん草、三つ葉なども用いられる。

◎煮汁にとろみがついていなければ、水溶き小麦粉を加えてとろみをつける。

〈岐阜県〉

鶏《けい》ちゃん

県の中央に位置する郡上《ぐじょう》市では2年寝かせた風味豊かな「地味噌」が土地の味で、漬物や調味料にもよく使われています。鶏ちゃんも地味噌を使ったたれに鶏肉を漬けこんで焼く料理です。昔は各家庭で地味噌をつくっていたので、味噌味の鶏ちゃんが一般的でした。今でもたれは自家製という人は多く、地味噌にしょうがやにんにく、果汁などを加えて深みを出した家庭ごとの工夫があります。キャベツは欠かせない食材ですが、それ以外は季節のものを好みで入れていいのです。なるべく野菜から水分が出ないように蒸し焼きはしません。

もともとは、家で飼っていて、卵を産まなくなった廃鶏をつぶして食べたことから始まっており、盆や正月、親戚の集まりにつくられるごちそうでしたが、現在では週に1度というくらい頻繁に食べられるようになり、郡上の日常食になっています。味つけも味噌味だけでなく醤油味、塩味なども楽しむようになりました。

協力＝石田賀代子
著作委員＝西脇泰子

撮影／長野陽一

＜材料＞ 4人分*

若鶏もも肉…600g
キャベツ…2枚（160g）
玉ねぎ…1/2個（120g）
鶏ちゃんのたれ…90g(肉の15%重量)

鶏ちゃんのたれ（仕上がり2kg分）**

- 地味噌***…1kg
- 豆味噌…100g
- みりん…1カップ
- 醤油…1カップ
- にんにくのすりおろし…100g
- すりリンゴまたはリンゴジュース（100%）…1カップ
- オレンジジュース（100%）…1/2カップ
- ごま油…1/2カップ
- 砂糖…少々
- 一味唐辛子…少々

*キャベツは必ず入れるが、その他の野菜は種類・量とも好みでよい。

**全体の量を減らしてつくると味が変わるので、その場合は混ぜたあとで好みの味に調整する。

***2年寝かせて3年目から使う米味噌。

＜つくり方＞

1 鶏ちゃんのたれをつくる。材料をボウルにすべて入れ、よく混ぜる。冷蔵で2〜3日、冷凍で3カ月保存可能。

2 たれに食べやすい大きさに切った肉を漬けこみ、90分ほどおく。

3 キャベツはざく切り、玉ねぎは細めのくし形切りにする。

4 陶板または厚手のフライパンで肉を炒める。肉に火が通り、色が変わったら野菜を加えてさらに炒める。野菜から水が出ないように蓋はしない。全体に火が通ったらできあがり。

〈福岡県〉

がめ煮

一般に「筑前煮」と呼ばれる煮物ですが、地元福岡では「がめ煮」といいます。昔、博多湾にはガメ（亀）が多く生息しており、このガメをぶつ切りにし季節の野菜と共に煮こんで食べていました。天神様（水鏡《すいきょう》天満宮）の氏子である博多の町民は、四つ足の獣を食べることができなかったためです。そのがめ煮が、博多の方言である「がめくりこむ」（いろんなものを手元に寄せ集めるの意味）とあいまり、祭りや冠婚葬祭など人の集まりには欠かせない料理になりました。黒田藩（福岡藩）の戦《いくさ》の陣でつくられていたともいわれてます。江戸時代後期には鶏が使われるようになったとされています。

がめ煮は、祖母から母へ、母から娘へと継承されていきます。地元の人の話では、何が違うか説明できないが、祖母のがめ煮はしみじみとした味わいで、母の味とも違っていたといいます。今のように調味料を計らないので、ほんの少しの加減や長年の経験が味の違いを生んでいたのかもしれません。

協力＝楠喜久枝、松隈キミコ
著作委員＝松隈美紀

撮影／長野陽一

<材料> 4人分

鶏骨つき肉*…400g
里芋…4個（200g）
にんじん…1/2本（80g）
ゆでたけのこ…80g
干し椎茸…4枚（10g）
こんにゃく…80g
さやえんどう…12枚
だし汁（昆布とかつお節）…2カップ
砂糖…大さじ3強（30g）
塩…小さじ1/2
醤油…大さじ1と2/3
みりん…大さじ2
油…大さじ1

*もも、手羽などのぶつ切り。手に入らない場合は鶏もも肉でよい。

<つくり方>

1 骨つき肉は出刃包丁でひと口大に切る。
2 里芋は乱切りにし、塩（分量外）でもんで水洗いしてぬめりを除き、七〜八分《ぶ》のかたさまでゆでる。
3 にんじん、たけのこは乱切り、椎茸は戻して半分に切る。こんにゃくはスプーンでちぎり、さやえんどうはすじをとりさっとゆでる。
4 鍋に油を熱し、鶏肉を入れて軽く炒め、にんじん、たけのこ、椎茸、こんにゃくを入れてさらに炒める。
5 だし汁を加えて2〜3分煮たら、砂糖、塩、醤油を入れ煮汁が半量になるまで煮る。みりん、里芋を加えて汁けがなくなるまで、味をしみこませるようにゆっくり煮る。
6 器に盛り、さやえんどうを飾る。

〈大分県〉

とり天

　県全域でつくられている家庭料理で、発祥は別府市とも大分市ともいわれています。九州特有の甘口の醤油とにんにくで下味をつけた鶏のむね肉に小麦粉とかたくり粉をつけて揚げたもので、衣が厚く、フリッターのような食感です。むね肉は淡泊であっさりしているので、タルタルソースや酢醤油、ゆずこしょうをつけたり、かぼすをしぼって食べることもあります。

　昔は、祝いごとがあると庭先で飼っていた鶏をしめて食べていました。戦後になると「大分養鶏農業協同組合」ができ、店に新鮮な鶏肉がいつでも並ぶようになり、その頃から祝いごとに限らず鶏の料理が日常的につくられるようになりました。

　とり天は、揚げる前に鶏肉に水をもみこむ、油の温度を高くしすぎないなどやわらかくふっくら仕上げるため、各家庭で工夫があります。冷めてもおいしいので、遠足や運動会の弁当の定番のおかずになっています。今も昔も、揚げたそばから子どもたちがつまむほど、人気の料理です。

協力＝宇都宮公子　著作委員＝宇都宮由佳

撮影／戸倉江里

＜材料＞ 2〜3人分

- 鶏むね肉…300g
- 水…1/2カップ弱（90mℓ）

- 醤油（甘口）…大さじ3
- 酒…大さじ2
- みりん…大さじ2
- にんにく…2かけ
- 水…少々

- 小麦粉…70g
- かたくり粉…30g
- 卵…大1個（70g）
- 水…3/5カップ（120mℓ）

揚げ油…適量

キャベツのせん切り、大根おろし、青じそ、かぼす、酢醤油…各適量

＜つくり方＞

1. 肉を4〜5cm大に切る。ふっくらと仕上げるために水でもむ*。
2. おろしたにんにく、醤油、酒、みりん、水を加えてもみこみ10分ほどおく。
3. 小麦粉、かたくり粉、溶き卵、水を混ぜて衣をつくる。
4. 肉に衣をつけ、180℃の油で揚げる。
5. キャベツを添え、好みで青じそや大根おろし、かぼすや酢醤油をつける。

◎醤油は、にんにくを丸ごと漬けたにんにく醤油を使ってもよい。

*肉は揚げると肉に含まれる水分が流出し、縮んでかたくなるが、あらかじめ水でもんでおくと、揚げてもある程度水分が保たれるため、ジューシーに仕上がる。

撮影／高木あつ子

＜材料＞ 4人分

鶏もも肉（地鶏）…200g
大根…3cm分（120g）
にんじん…小1本（120g）
ごぼう…1/3本（80g）
里芋…3個（120g）
れんこん…1/2節（100g）
こんにゃく…1/2丁（130g）
さやいんげん…4〜5本（30g）
水…1/2カップ
砂糖…大さじ2強（20g）
酒…大さじ2
うす口醤油…大さじ2
醤油…小さじ1

＜つくり方＞

1 肉はひと口大に切る。大根は2cm厚さのいちょう切り、にんじん、ごぼうは乱切り、里芋は大きめに2〜4個に切る。れんこんは7〜8mm厚さのいちょう切り、こんにゃくは手でちぎり湯通ししておく。
2 1を鍋に入れ、分量の水を入れて中火にかける。
3 野菜に火が通ったら砂糖、酒、うす口醤油を加えて煮こむ。
4 煮汁がほとんどなくなったら醤油を加え、煮汁が全体になじめばできあがり。
5 器に盛りつけ、ゆでて斜めに切ったさやいんげんを彩りよくのせる。

◎水を使わず、材料に砂糖をふりかけて火にかけ、野菜から出る水分で煮てもよい。

〈宮崎県〉

鶏のうま煮

ぶつ切りにした地鶏と根菜をじっくり煮こんだ煮物で、「鶏のごった煮」と呼ぶ地域もあります。昔は多くの農家の庭先で鶏を飼っており、正月や祭り、家の茅葺《かやぶ》きなどの行事があるときにはつぶして、ささみは刺身で食べ、肉や皮や内臓は煮物、残った骨はだしなど大切に料理しました。根菜がとれる秋から冬につくることが多く、秋冬は里芋、夏はじゃがいもを使います。干し椎茸を入れることもよくありました。

鶏の用意はたいてい男性の仕事で、料理や味つけは台所を預かる主婦がします。鶏肉と家にある野菜を大きく切り大鍋にたっぷりの材料でつくり、食事のたびに温め、味がしみたものを何日もおかずにしました。肉は骨つきのままで、皮や卵（内臓卵）も入っていたため鶏からよいだしが出て、野菜にも味がしみおいしかったそうです。煮汁がまたおいしく、汁けたっぷりに煮あげ、その汁をご飯にかけたり、雑炊にしたりして食べました。

協力＝江藤美保子
著作委員＝長野宏子

〈鹿児島県〉

とり刺し

霧島地域では「刺身」といえば魚ではなく、このとり刺し、つまり鶏の刺身をさすほどで、地域の集まりの際にも必ず出されるものです。霧島連山のふもとにある霧島地域は海から遠く生の魚が食べられなかったので、客人や祝いごとなどには飼っている鶏をさばき、胸やもも、ささみは刺身にし、骨つきの手羽元などは煮物に、皮は雑炊に利用しました。

皮目をあぶったももはうま味が強く、こりこりして歯ごたえがあり、皮の香ばしさや皮の下の脂の甘みも味わえます。むねはやわらかく、さっぱりした味わいです。鶏の生《なま》食《しょく》には食中毒が心配されますが、鹿児島県では独自に設けた生食用食鳥肉の衛生基準をクリアしたものが販売されています。霧島では子どもの頃から食べているので不安なく食べています。

地元の人に聞くと、昔は鶏をさばくのは父親の役割で、さばき始めると子どもは小皿に醤油を入れて刺身ができるのを待ち、まだ温かいささみを食べるのが楽しみだったそうです。

協力＝造免和子　著作委員＝千葉しのぶ

撮影／長野陽一

＜材料＞ 4人分

とり刺し用地鶏もも肉・むね肉…各200g
青じそ…4枚
しょうが…1かけ(20g)
にんにく…3かけ(20g)
小ねぎ…適量
醤油…適量

＜つくり方＞

1 もも肉は刺身で食べやすい大きさに切り分け(さくどり)、5㎜幅に皮目から切る(写真①)。肉の繊維の方向を見て、繊維を断ち切るように刺身にする。
2 むね肉は厚みを半分にして(写真②)さくどりし、5㎜幅に切る。
3 青じそを敷き、部位ごとに盛りつけ、おろしたしょうが、にんにく、小口切りにしたねぎを添え、醤油で食べる。

鶏をさばく

牛や豚、馬などを家庭でと畜・解体するのは違法ですが、鶏は家族などで食べる分には自分でさばいても構いません。かつて、鶏は庭先で飼われており、来客があったり、何か行事があったりすると、つぶしてふるまいました。家で鶏を飼っている大阪の加堂《かどう》幸三郎さん(p10)宅でさばき方を見せてもらいました。

写真／高木あつ子　イラスト／くぼあやこ

鶏の部位

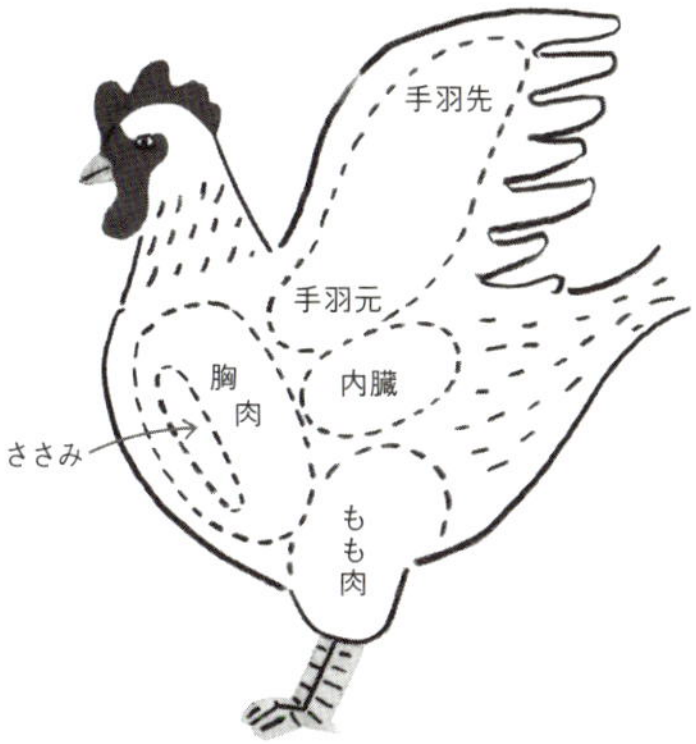

準備　鶏は前日から絶食させる。しめる際は暴れないよう両方の羽のつけ根と両足をしばってつるす。

1　首の頸動脈と頸静脈をナイフで切り、頭を下にして血を抜く。完全に抜かないと肉色、風味が悪くなる

2　熱湯に十数秒か、70℃の湯に5分ほど浸す。太い羽毛から抜き、やわらかい羽毛は毛並みに逆らって抜く

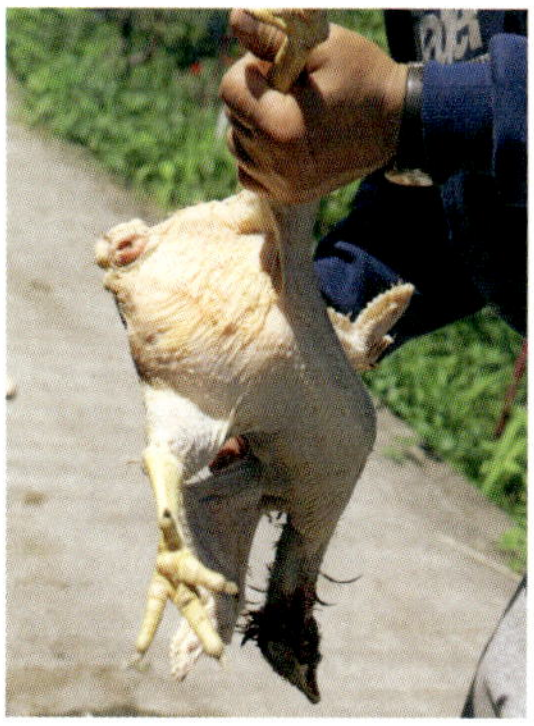

3　羽を抜いたあとの鶏。まだ細い毛がところどころ残っている

4　皮に残った毛は、火で全体を軽くあぶって焼き切る。稲わらの火であぶると黒く煤けない

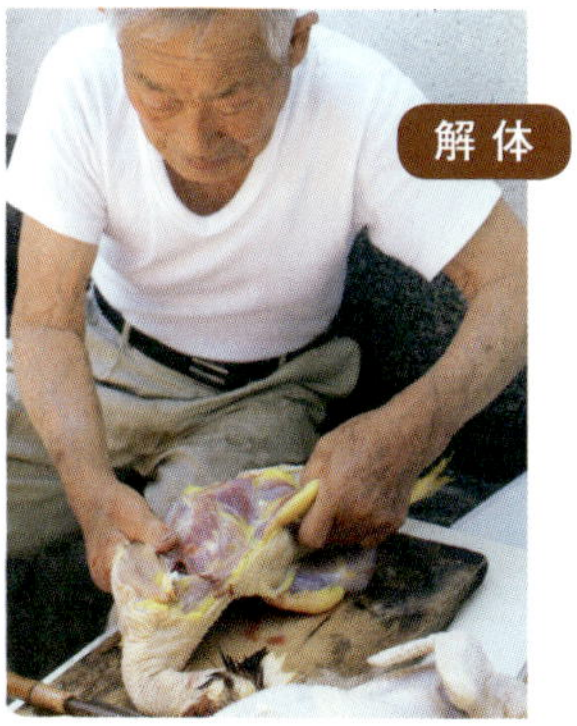

5　筋肉と骨の間にナイフを入れて、手ではぐように肉と骨に分ける

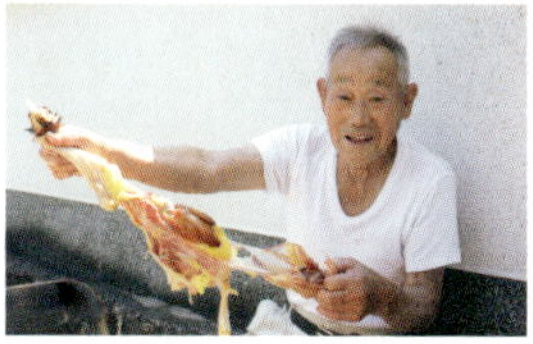

6　胸と手羽の部分を引っぱって骨からはずす

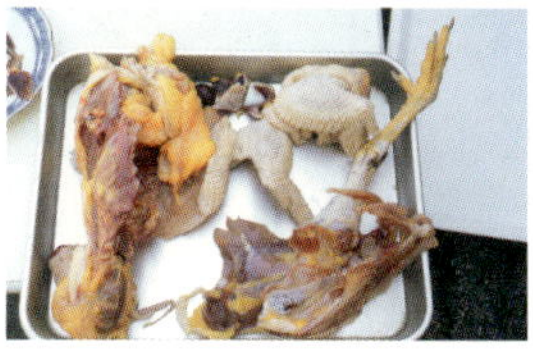

7　さばいたガラと肉。もも、胸、ささみ、手羽などに切り分ける

豚と牛の料理

豚の料理は、昔から豚を飼っていた沖縄や、外国の影響を受けてつくられるようになった神奈川や長崎などで多く見られます。牛を使った料理は大阪や兵庫など、西日本が中心です。もつやすじ肉の料理から肉がメインのごちそうまで紹介します。

〈群馬県〉

もつ煮

新鮮なもつを大根、ごぼう、にんじんなどの野菜と一緒に、味噌と醤油で煮こみます。にんにくのきいたもつ煮はおかずにも酒の肴にもなり、ご飯に汁ごとのせて食べると丼にもなります。寒さが増してくる十日夜《とおかんや》（旧暦10月10日）の頃、刻んだねぎがたっぷりのったもつ煮が夕飯に出ると、温かさが体にしみわたったそうです。

群馬県は養蚕と並び、養豚がさかんです。昔は日持ちのしない新鮮なもつは地元で消費されました。肉に比べて安く、入手しやすいので、子どもたちにおなかいっぱいごはんを食べさせたいとつくられるようになったそうです。

もつは、豚の小腸や大腸がよく使われます。味つけは米味噌、麦味噌、醤油ベースと家庭によっていろいろですが、味噌は風味の高い自家製を使い、深みのある味に仕上げます。群馬特産のこんにゃくも欠かせません。こんにゃくや野菜をもつより小さく切るのがコツで、もつの食感がより感じられます。

協力＝田中妙子
著作委員＝阿部雅子

撮影／高木あつ子

＜材料＞ 4人分

豚白もつ*…500g
大根…15cm（200g）
にんじん…1/2本（100g）
ごぼう…1本（150g）
こんにゃく…1袋（350g）
にんにく…2かけ
水…4カップ
酒…大さじ3
みりん…大さじ3
砂糖…大さじ2
醤油…大さじ4
味噌…大さじ4
長ねぎ、七味唐辛子…各適量
*豚の小腸や大腸をゆでたもの。

＜つくり方＞

1 白もつは10分ほどゆでる。
2 大根は厚めのいちょう切り、にんじんは薄めの半月切りかいちょう切り、ごぼうは薄めの輪切りにする。こんにゃくはスプーンで小さめのひと口大にちぎり、下ゆでしてアクを除く。にんにくはすりおろす。
3 鍋に1と2の材料と分量の水、調味料を加え20～30分煮こむ。
4 もつと野菜がやわらかくなったら器に盛り、小口切りのねぎをのせ七味唐辛子をふる。

餃《ぎょう》子《ざ》〈神奈川県〉

昭和50年代に行なった横浜市の食生活調査で、餃子は代表的な夕飯のおかずにあげられました。横浜市には江戸時代末期に外国人居留地がつくられ、やがてそこが中国人を中心とした南京町になり、昭和30年に中華街と呼ばれるようになります。日頃から中国料理に接する機会も多く、餃子は家庭でもよく食卓にのぼりました。

餃子は中国の北部や東北部では主食で、ゆでて大皿に盛り日常的に食べています。大量につくるので、残りを翌日焼いて食べるのが中国の焼き餃子です。日本の焼き餃子は戦後、旧満州から引き揚げた人から広まったといわれています。

ここで紹介する餃子は中華街に近い、中国人が多く居住する地域で食品店を営んでいた人から教わりました。いったん蒸してから油で焼く、中国東北部に近い食べ方です。忙しい仕事の合間に大量に生餃子をつくって蒸しておき、子どもが帰宅したときにさっと焼いて出しました。味つけは味噌。これが家族に好評だそうです。

協力＝鈴木千代子、中垣芳江
著作委員＝大越ひろ

撮影／五十嵐公

＜材料＞ 20個分

餃子の皮…20枚
豚ひき肉…200g
キャベツ…1/4個（200g）
ニラ…1/2束（50g）
にんにく…2かけ
ごま油…大さじ1
味噌…大さじ1
かたくり粉…大さじ1
油…大さじ1

＜つくり方＞

1 キャベツ、ニラ、にんにくをそれぞれみじん切りにする。
2 豚ひき肉に1を入れ、よく混ぜる。
3 ごま油、味噌、かたくり粉を入れ、よく混ぜて餡をつくる。
4 餡を20等分し、餃子の皮のふちに水をつけ、ひだをつけながら餡を包む。
5 蒸気の上がった蒸し器か中華せいろで約5分蒸す（写真①）。オーブン用シートを敷くとくっつかない。
6 食卓に出す直前に、油をひいたフライパンで中火で焼き、片面に焼き色をつける。

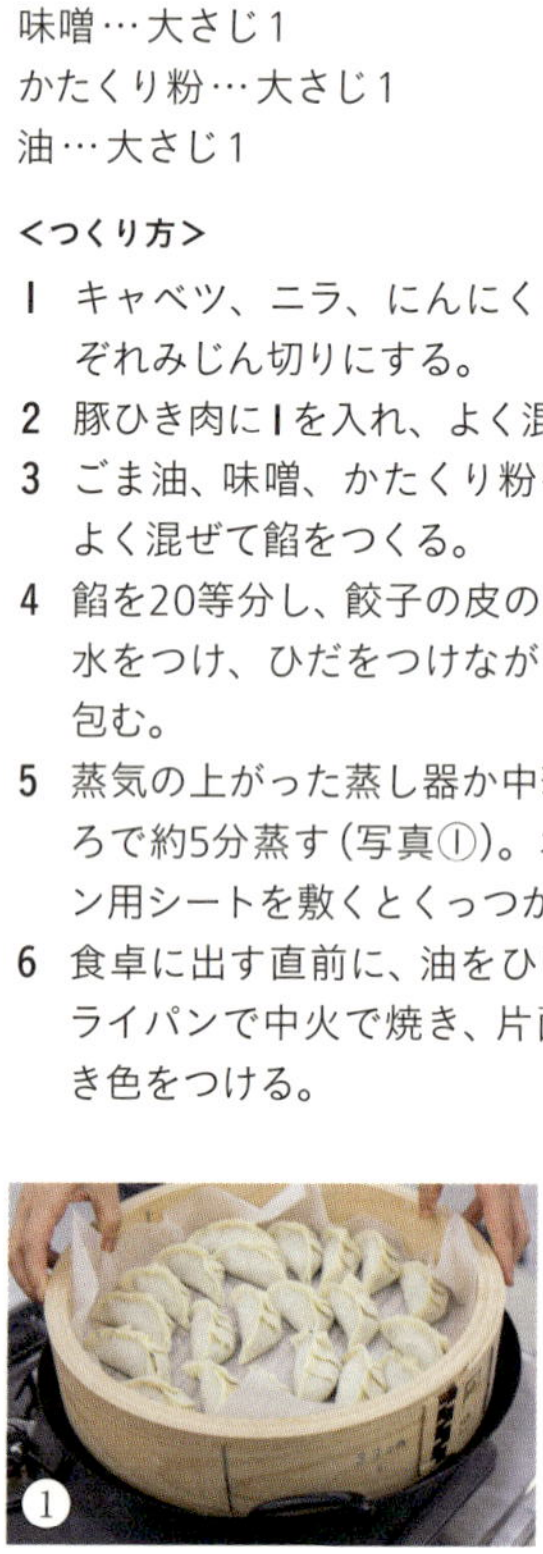

焼《しゅう》売《まい》〈神奈川県〉

中華街に近く中国籍の人も多い横浜市中区では、焼売は家庭料理の一つです。ただし、近くに中華料理店があり手軽に買えるので、手づくりより購入することが多かったようです。とくに昭和初期にできた崎陽軒《きようけん》の「シウマイ」が横浜みやげとして評判がよかったので、親戚が遊びに来るときには買ってきてもてなしたりしました。今でいう中食《なかしょく》（買ってきて家で食べる食事）の代表的食べ物といえます。家族が多い場合はお金がかかるので焼売を手づくりしていたようで、たくさんつくって夕食や翌日の弁当のおかず、夜食などにしていました。

この焼売は中華街のコック直伝だそうです。一つが大きく、肉がぎっしりと詰まり食べごたえがあります。味つけはしっかりめ。中国では飲茶のときの点心（お茶を飲みながら食べる軽食）という位置づけなので、たれをつけずに食べられるように味が濃くしてありますが、それが日本の家庭ではご飯のおかずになりました。

協力＝鈴木千代子、中垣芳江
著作委員＝大越ひろ

撮影／五十嵐公

＜材料＞ 25個分

焼売の皮…25枚
豚ひき肉…500g
玉ねぎ…1/2個（100g）
長ねぎ…1本（150g）
かたくり粉…大さじ4
A
- 卵…1個
- ごま油…小さじ1
- 塩…小さじ2
- 砂糖…大さじ5
- 醤油…小さじ1/2

＜つくり方＞

1 ボウルに豚ひき肉とAを入れ、粘りが出るようによく混ぜる。ボウルに材料を打ちつけながらよくこねること。
2 玉ねぎ、長ねぎはみじん切りにして、かたくり粉をまぶす。
3 かたくり粉が湿らないうちに2を1に合わせて軽く混ぜ、餡をつくる。こねると肉がしまりかたくなるので、さくっと混ぜる。
4 餡を25等分して、片手に焼売の皮を広げ、餡をのせて、親指と中指などを使い包む（写真①）。
5 中華せいろか蒸し器にオーブンシートを敷き、焼売をすき間をあけて並べる。蒸気の上がった鍋にのせ強火で約10分蒸す。

①

〈大阪府〉

どて焼き

牛すじ肉を白味噌やみりんで時間をかけて煮こんだもので、甘めの味噌だれにねぎや七味唐辛子でアクセントをつけています。すじ肉はプルプルとした食べごたえとうま味が魅力です。もともとは土手のように味噌を盛った鉄鍋で具を焼き、溶けてくる味噌で煮たので「土手焼き」と呼ぶようになったそうですが、いまは煮こみ料理として定着しています。

串カツとともに大阪・新世界の名物料理として知られますが、家庭でもつくられます。火鉢があった頃は火鉢の上でじっくりゆっくりと煮こんでいる光景も見られました。夏祭りや秋祭り、正月など親戚が集まるときや、酒の席にもよくつくられました。残ったら、翌日には焼き豆腐やこんにゃくを加えて煮こみ、夕食の一皿になることもありました。

すじ肉には牛のアキレス腱や、その他の部位を切り分けるときに出た筋の部分があります。アキレス腱はかたいので、やわらかくするのに時間がかかりますが、煮こむと食感がよくおいしいです。

協力＝藤原弘子　著作委員＝山本悦子

撮影／高木あつ子

＜材料＞ 4人分

牛すじ肉…500g
ゆで1回につき*
- 酒…大さじ2
- 長ねぎ…10cm
- しょうがの薄切り…15g

こんにゃく…100g
だし汁（昆布）…2カップ
白味噌…150g
酒…1/2カップ
砂糖…大さじ2
みりん…大さじ2
青ねぎ、七味唐辛子、青のり…各適量

*湯を替えるたびにとりかえる。

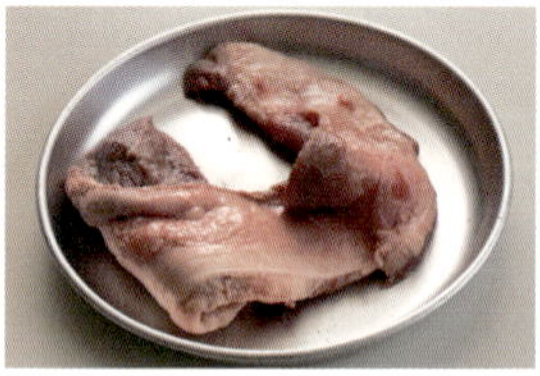

牛すじ肉

＜つくり方＞

1 すじ肉はぬるま湯で洗い、汚れをとる。
2 鍋にたっぷりの水と酒と長ねぎとしょうが、すじ肉を入れて強火にかけ、アクが浮くまでゆでる。
3 アクがほぼ出なくなり、すじ肉がやわらかくなるまで湯を替えて、酒・ねぎ・しょうがも新たに加えて数回ゆでる。すじ肉の状態や条件でゆで時間は変わる。
4 すじ肉をひと口大に切り、竹串に刺す。こんにゃくは厚さ5mm程度に切り、手綱にしてゆでる。
5 だし汁に白味噌と酒、砂糖とみりんを加え、すじ肉とこんにゃくを加え弱火で煮込む。だし汁にとろみがつけばできあがり。
6 器に盛り、好みで青ねぎ、七味唐辛子、青のりなどをちらす。

◎すじ肉の最後のゆで汁はスープやおでんの煮汁に使用する。

〈兵庫県〉

ぐっだき

すき焼きほど肉が中心ではなく、ややあっさりした味つけで炊き合わせた野菜をたっぷりいただく、飽きのこない煮物です。肉と野菜のうま味を吸ったとろとろの麩もおいしくいただけます。

神戸市内でも、昭和30年代には外食では洋食文化が華やかでしたが、家庭の惣菜はまだ和食が中心でした。「ぐっだき」とはぐつぐつ炊く、具を炊く、くず野菜を炊く、などいろいろな解釈があるようで、野菜やきのこやいもなど、牛肉と炊き合わせるものは季節によって変わりました。盛りつけるときは煮汁は少しかける程度にしますが、残った煮汁もおいしいのでご飯にかけて食べたりしたそうです。かつてはだしと醤油と砂糖に塩で煮ましたが、みりんや酒を加えると一層コクが出ておいしくなります。

県内の和牛産地の一つである西脇市あたりでは「ぐっだき」が祭りの打ち上げにふるまわれたところもあったそうです。銘々「ぐっだきてしょう」（取り皿）を持参していただいたといいます。

協力＝宮道順子、宮道隆
著作委員＝原知子

撮影／高木あつ子

＜材料＞ 4人分

牛薄切り肉…200g
すき焼き麩…12個くらい
玉ねぎ…中2個
なす…1本
みょうがが…2本
だし汁（昆布とかつお節）…3カップ
うす口醤油…大さじ1と1/2
醤油…小さじ2
みりん…大さじ1
砂糖…大さじ1/2
塩…小さじ1/3

＜つくり方＞

1 玉ねぎは縦半分に切り、くし形に切る。
2 なすは縦半分に切り、皮に細かく切り目を入れ、6等分くらい（ひと口大）に切って水にさらす。
3 みょうがは縦に細めに切る。
4 麩は戻して水けをきっておく。
5 鍋にだし汁、調味料を入れ中火にかけ、玉ねぎ、牛肉を加えて加熱する。牛肉の色が変わったらとり出す。あくの強い野菜は煮汁をとり分けて別に煮てもよい。
6 麩、みょうが、なすを加えてやわらかくなるまで中火～弱火で「ぐつぐつ」煮る。
7 最後に牛肉を戻し入れて、全体になじませて火を止める。器に盛り、煮汁を少しかける。

〈広島県〉

松茸入りすき焼き

広島県では、きのこ類のことを「なば」と呼びます。赤松林が多い中部台地（世羅台地・賀茂台地）では、松茸が豊富にとれました。

かつては10月初旬から11月初旬になると、びく（背負いかご）を背負って朝早く日が昇らないうちから、近くの山にとりに行きました。かごいっぱいにとれた松茸は、すき焼きに入れたり、松茸ご飯や焼き松茸などにして旬の香りと味を堪能します。松茸は特別なものではなく、秋には山で日常的にとれるきのこだったのです。

松茸は香りが強く立つよう、包丁を使わないで手でさきます。鮮度が落ちると香りが少なくなり、煮すぎると水分が飛んでかたくなるので、すき焼きでは食べる直前に入れ、さっと煮る程度にします。松茸ご飯をつくるときも、香りが飛ばないように米が沸いてから加えます。昔はご飯の火をつけてから山にとりに行ったそうです。しかし現在は山が荒れ、松食い虫による松枯れもあり、とれる量が減ってしまいました。

協力＝福場和子、森田葉末、下光小夜子
著作委員＝岡本洋子

撮影／高木あつ子

＜材料＞ 4人分

牛ロース肉…500g
松茸…4本（400g）
焼き豆腐…2丁（600g）
しらたき…200g
白菜…1/4株（400g）
ごぼう…1本（150g）
白ねぎ（長ねぎ）…1本（100g）
春菊…1束（100g）
牛脂…10g
醤油…1/2カップ
砂糖…3/4カップ（90g）
みりん…大さじ5（90g）
酒…大さじ2
卵…4個

昔は松茸をたくさん入れてすき焼きにした

＜つくり方＞

1 松茸はぬれ布巾で汚れを除き、手でさく。
2 焼き豆腐は3cm角か三角形、しらたきは熱湯をくぐらせ4cmくらいに切り、水けをきる。
3 白菜は4～5cm大のざく切り、ごぼうは皮をこそげとりささがきにする。白ねぎは斜め切り、春菊は4cm長さに切る。
4 鉄鍋を熱し牛脂をひき、牛肉を1枚ずつ広げ、砂糖をふり入れて炒める。
5 醤油とみりん各1/2量を加えて調味料をなじませ、他の材料を少しずつ加えながら煮る。味をみて、酒と残りの醤油とみりんを加える。
6 松茸を食べる直前に入れ、煮えたものから溶き卵をつけて食べる。

撮影／長野陽一

<材料> 4人分

土佐あかうし*ロース肉…500g
牛脂…1かけ
葉にんにく…4本(300g)
豆腐…1丁(300g)
椎茸…4枚(60g)
糸こんにゃく…1袋
砂糖…大さじ6〜8
醤油…大さじ6〜8
卵…適宜

*褐毛《あかげ》和種《わしゅ》という茶色い和牛で、高知系(土佐あかうし)と熊本系(肥後あかうし)がある。赤身肉のおいしさを適度に入ったサシとともに味わえる。

<つくり方>

1 糸こんにゃくは長さを半分に切り、下ゆでしてアクを抜く。
2 葉にんにくは6〜7cm長さに切る。豆腐は食べやすい大きさに、椎茸はそぎ切りにする。
3 すき焼き鍋を熱して牛脂を溶かし、鍋が熱くなったら、牛肉を入れて砂糖と醤油の半量をふりかけ、途中裏返して焼きつける。豆腐、椎茸、糸こんにゃく、葉にんにくを並べて煮る。
4 砂糖と醤油の残りを野菜類の上にもふりかけ、途中、上下をひっくり返して味が均一になるように焼く。材料は3回ぐらいに分けて煮る。
5 好みで溶き卵につけて食べる。

〈高知県〉
葉にんにくのすき焼き

高知県では、肉と野菜を砂糖と醤油で甘辛く焼きつけた料理をすき焼きと呼びます。昔は地元の赤《あか》牛《うし》に限らず、猟でとれたうさぎ、きじなどでつくりました。青ねぎか葉にんにくをたっぷり入れるのが高知流。葉にんにくは球ではなく葉を食べる品種で、冬のすき焼きに欠かせないという人もいます。

昭和30年代後半の特別な日のごちそうは牛肉のすき焼きでした。卓上のコンロにガス管をつなぎ、家族で鍋を囲みます。焼き始めると牛肉のにおいがぷんぷん漂って、それをかぐだけで幸せな気分になりました。残った具や煮汁は、翌朝ご飯を入れておじやにしたり、うどんを入れて食べきりました。高知市内で見せてもらった嫁入りに持ってきたというすき焼き鍋は、真ん中が浅くくぼみ牛脂がうまく溶かせます。使いこまれて脂がなじんだ鍋にはハレの日の家族の思い出もつまっており、子どもたちが形見分けにほしいというほどです。

協力＝池田登子、古谷隆、岩目博子
著作委員＝福留奈美

〈長崎県〉 豚の角煮

長崎の食文化の特徴である多国籍の献立を「和《わ》・華《か》・蘭《らん》料理」といい、和（日本）華（中華）蘭（西洋）を取り混ぜた客膳料理が卓袱《しっぽく》料理です。献立の中で豪華なものが中鉢として盛りこまれ、その代表的な料理が豚の角煮です。もともと中国料理で、宋代の有名な詩人、蘇《そ》東坡《とうば》が好んだとされ東坡肉《トンポーロウ》ともいいます。それぞれの家によくなじんだ料理だけに我が家流の味があり、まんじゅうにはさんで角煮まんにしたりして、今もよく食べられています。

卓袱料理の形式は中国のものですが、「シッポク」という言葉はテーブルを意味するベトナム語といわれています。円卓を囲み大皿に盛った料理を各自小皿に取り分けて食べます。そのため、お互いがよい雰囲気の中で食事ができるよう卓袱の席では配慮が必要です。もともと卓袱料理は家庭でのお祝い料理でしたが、次第に豪華な料亭の料理になりました。会食を通して他の人たちとの交流を深め、自身の教養を高める意味もあるのです。

協力＝脇山順子
著作委員＝石見百江、冨永美穂子

写真／長野陽一

＜材料＞ 8人分

豚バラ肉（塊）…500g
長ねぎの緑の部分…20g
しょうが…1かけ（20g）
豚バラ肉のゆで汁…500mℓ
酒…1/2カップ
砂糖…大さじ2
醤油…大さじ2
水溶きかたくり粉
┌かたくり粉…大さじ1
└水…大さじ2
ブロッコリー*…1株
練り辛子…適量

*ブロッコリーの代わりにほうれん草や青梗菜などの青菜を用いてもよい。

＜つくり方＞

1 肉を塊のまま、深めの鍋に入れ、かぶるくらいの水（分量外）とねぎ、よく洗って輪切りにした皮つきしょうがを加え、蓋をしないで箸が楽に通るくらいやわらかくなるまで中火で2時間くらい煮る。途中、浮いてきたアクをとり、水が足りなくなったら水を加える。そのまま一晩おいて、浮いた脂肪を除く。肉をとり出し、ゆで汁はこして500mℓを残す。

2 1の肉をぬるま湯で洗い、8等分する。まず、縦に2等分し、その2等分した肉を4個に切り分けると形よくやわらかく仕上がる。計8個できる。

3 鍋に肉、1のゆで汁と調味料を加え、弱火で30〜40分煮込む。煮汁は鍋に残して肉を器に盛る。

4 煮汁に水溶きかたくり粉を加え、とろみをつけて肉にかける。ブロッコリーは小房に分けてゆでる。

5 ブロッコリーを肉の間に盛りつけ、練り辛子を添える。

〈長崎県〉浦上そぼろ

撮影／長野陽一

＜材料＞ 4人分

豚バラ薄切り肉…150g
ごぼう…1/3本（50g）
にんじん…1/5本（30g）
こんにゃく…100g
干し椎茸…5枚（10g）
椎茸の戻し汁…1カップ
もやし…200g
さやいんげん…3本（20g）
油…大さじ2
砂糖…大さじ2
塩…小さじ1/2（3g）
うす口醤油…大さじ2
酒…大さじ2

＜つくり方＞

1. 肉は細切り、ごぼうはささがきにする。にんじんは長さ3cmのせん切り、こんにゃくはさっとゆでてせん切り、干し椎茸も戻してせん切りにする。もやしはさっと洗って水けをきる。いんげんはさっと塩ゆでし、斜めせん切りにする。
2. 鍋に油を熱し、肉、ごぼう、にんじん、こんにゃく、椎茸を炒める。
3. 肉の色が変わったら椎茸の戻し汁を加え、ひと煮立ちさせる。
4. 3に調味料を加える。最後にもやしを加えてさっと煮る。
5. 器に盛り、いんげんを散らす。

◎ゆでたけのこや、さやいんげんの代わりに小松菜などを使ってもよい。

戦国時代から続くキリシタンの里、長崎市浦上地区に伝わる南蛮渡来の料理で、ポルトガル人の宣教師が信徒たちに「肉を食べる」習慣を伝えるため、長崎人の口に合うよう豚肉を炒めて野菜と一緒に煮たといわれています。そぼろの由来には、おぼろより粗い〝粗《そ》おぼろ〟が詰まった、また外国語がなまった言葉との2説があります。

そぼろといっても煮しめに近い料理で、名前から味や見た目が想像できません。細切り野菜は歯ざわりもよく、肉や椎茸からだしが出た甘辛い醤油味で野菜もたくさん食べられます。市内の学校では給食で提供されており、子どもたちにも好評です。もやしのシャキシャキ感がウリなので、火を通し過ぎないように注意します。長崎は、肉食禁止令の時代でも出島に住む外国人のために豚や鶏を飼うことが許され、昔から肉は身近な食材でした。もやしを使うのは中国からの影響もあり、浦上そぼろは外国の入り口だった長崎ならではの料理です。

協力＝脇山順子
著作委員＝冨永美穂子、石見百江

〈鹿児島県〉

とんこつ

豚の骨つきあばら肉と野菜をじっくりと味噌味で煮こんだ料理です。もとは祝い行事などで、焼酎を飲みながら煮えたぎる大鍋を囲んで食べる野外料理だったといわれています。西郷隆盛も好きだったそうで、薩摩武士の気風のごとく、骨つき肉を豪快にぶつ切りにしてつくるとんこつは、鹿児島県の代表的な肉料理です。

肉は焼酎をたっぷり入れて炒りつけ、臭みを抜くとともにうま味を吸わせてから煮ます。とろりとした舌触りと、大根やこんにゃくなどの材料のうま味が味噌味と溶けあい、ご飯にも合います。鹿児島は米が貴重だったことから、つくられる味噌は麦味噌で、麦麹の割合が多く麹の甘みが強いのが特徴です。そしてここに砂糖を加え、さらに甘みをきかせます。鹿児島では甘くすることは「おもてなし」の心を示すもので、大切な客の来訪の際のごちそうでした。味噌は2～3年熟成させたものを使うと麹の甘みに加えうま味が強まり、色も濃くなります。

著作委員＝千葉しのぶ

＜材料＞ 4人分

豚骨（スペアリブ）…50g×8切れ
芋焼酎（25度）…1/2カップ
油…大さじ4
大根…1/2本（500g）
ごぼう…1本（100g）
こんにゃく…1/2枚（100g）
しょうが…2かけ（40g）
水…適量
麦味噌…80～100g
砂糖（きび糖または黒砂糖）
…大さじ4と1/2（40g）
醤油…大さじ1
さやえんどう…4枚
しょうが（飾り用）…1/2かけ（10g）

材料の豚骨（スペアリブ）。ひとつ50g程度の大きさがよい

左から1年もの、3年もの、5年ものの麦味噌。とんこつには2～3年の味噌を使うか、5年ものなど熟成期間の長い味噌を加えるとおいしくなる

＜つくり方＞

1 フライパンに油をひいて豚骨を入れ、両面に焼き目をつける。
2 油が飛ばないように蓋をかざしながら焼酎を入れ（写真①）、蓋をする。油はねがおさまったら蓋をあけ、ときどき返しながら焼酎をよくまぶし（写真②）、白濁していた汁が煮つまり透明な油だけになるまで炒りつける（写真③）。
3 豚骨をザルにあけて熱湯をかけ、油を落とす。
4 大根は2～3cm厚さの輪切りにして四つ割り、ごぼうは5cm長さに切り、こんにゃくは手で食べやすい大きさにちぎる。
5 鍋に3を入れ、たっぷりの水と皮つきのまま薄切りにしたしょうがを入れ、ひたひたの状態になるまで中火で1時間煮る。
6 大根、ごぼう、こんにゃくを入れ、麦味噌と砂糖をそれぞれ半量加えて、野菜がやわらかくなるまで煮る。
7 残りの味噌と砂糖を入れて10分ほど煮こみ、醤油を加え味を調える。
8 さやえんどうを塩ゆでして半分に切り、7とともに盛りつける。せん切りしたしょうがを飾る。

◎圧力鍋を使うときは、豚骨にひたひたの水としょうがを入れて火にかけ加圧15分。圧力が下がったら野菜を入れ、材料がひたひたになるまで水を足し、麦味噌と砂糖の半量を入れて加圧15分。蓋をあけ、残りの調味料を入れて煮こみ、醤油を入れて味を調える。

撮影／長野陽一

ラフテー

〈沖縄県〉

客膳料理には欠かせない一品で、もっとも代表的な沖縄の豚肉料理です。沖縄では皮つきの豚肉がよく利用され、とろけるような絶妙な舌触りの皮と、箸で切れるほどやわらかくなった肉が美しく層をなしています。甘辛い味で、豚肉にかつおだしが加わって生まれる独特の深い風味が特徴です。

煮こみに使うのは沖縄の蒸留酒である泡盛です。泡盛が多いほどコクが出て肉がやわらかくなるといわれています。かつて結婚式を家でしていたときは、親族のおばや姉妹が何日も前から集まり、たくさんの肉をゆでて宴席の準備をしていました。泡盛で煮始めると、家中に酒の匂いが充満して大変だったといいます。保存がきくので沖縄を離れている家族にも送ったそうです。

三枚肉（バラ肉）以外にも、ロースやヒサガー（皮つきのもも肉）を使うこともあります。ゆで汁は冷ませば脂がかたまってラードになり、残りは豚のだし汁として他の料理にも使えます。

協力＝浦崎米子、大嶺桂子、大嶺文子
著作委員＝名嘉裕子、森山克子、大城まみ

撮影／長野陽一

＜材料＞ 4人分

豚三枚肉*（塊）…500g
だし汁（かつお節）…1〜2カップ
泡盛…1〜2カップ
ゴーヤー…60g
塩…少々
┌ 砂糖…大さじ4
│ 醤油…大さじ2
└ うす口醤油…大さじ2

*バラ肉のこと。沖縄では皮つきで売られている。

＜つくり方＞

1. 大きめの鍋に、豚三枚肉の皮を上にして入れ、ひたるくらいの水（分量外）を加えて火にかけ、沸騰したらアクをとり、2回ゆでこぼす。3回目はたっぷりの水を入れて肉に火が通るまでアクをとりながら1〜1時間半ゆで、5cm角に切る。
2. ゴーヤーは薄切りにして塩もみする。
3. 1の肉がちょうど入るくらいの鍋に肉とだし汁と泡盛を入れて火にかけ、沸騰したら砂糖、醤油、うす口醤油を入れて1時間半〜2時間弱火でコトコト煮る。
4. 煮汁に濃度がつき全体にツヤが出て、肉が箸で切れるくらいになったらできあがり。器に盛りつけ、2のゴーヤーを添える。

◎3で、好みでしょうがとにんにくの薄切り各少々を加えてもコクが出ておいしい。

〈沖縄県〉

スーチカー

　スーは「塩」、チカー（チキー）は「漬け」の意味で直訳すれば「塩漬け」ですが、沖縄ではおもに塩漬けの豚肉のことをさします。豚肉のうま味とほどよい塩味のついた素朴な料理です。かつては冷蔵庫なしで長期保存するために、豚肉の重量の40～50％程度も塩を使うものでした。県中部にあたる沖縄市の登川《のぼりかわ》地区では、そのとても塩辛いスーチカーひと切れで、主食でもあったヤマンム（やまいも）をたくさん食べたそうです。今では塩の量はずっと減りましたが、大晦日や正月、旧盆の料理として食べ続けられています。

　沖縄では、戦前から戦後しばらくは、農村でも都市でも、ほとんどの家庭で豚を飼っていました。餌をやるのは子どもの仕事で、朝、学校に行く前に畑に行き、その日に食べる分のンム（甘藷《かんしょ》）を掘り、大きなンムは人間が食べて、小さいンムやカズラ（つるや葉）は豚の餌にしたそうです。そうして正月や旧盆前に屠《ほふ》り、塩漬けにして保存したのです。

協力者＝喜納静子、平田信子、大城芳子、高良和子　著作委員＝田原美和、大城まみ

撮影／長野陽一

＜材料＞ 4人分

豚三枚肉（塊）…400g
塩…40g（肉の約10％重量）

＜つくり方＞

1 豚三枚肉に塩をまんべんなくすり込み、ラップをして常温で5～6時間おく。
2 肉から出てきた水分は捨て、ポリ袋に入れるかラップで包み、冷蔵庫で1週間ほど寝かせる。
3 表面の塩を水で洗い流し、たっぷりの熱湯で1時間ほどゆでる。
4 食べやすい大きさに切って盛りつける。そのままご飯やヤマンム（やまいも）とともに食べたり、酒の肴としてもよい。

脂っぽい場合はフライパンでカリカリに焼くとおいしい

ゆでたヤマンム（やまいも）。味つけしていないヤマンムを主食とし、塩辛いスーチカーで食べた

〈沖縄県〉

アシティビチ

ティビチ（豚足）をやわらかく煮こんだ料理です。「豚は鳴き声とひづめ以外はすべて食べる」という言葉が昔からあるように、どこも無駄にすることなく食べる習慣から生まれた豚料理の一つです。見た目は少々グロテスクかもしれませんが、やわらかいゼラチン質の食感が楽しく、お年寄りにおすすめの料理といわれています。ティビチだけよりも、昆布や大根と交互に食べた方が食が進みます。おいしいので軟骨がバラバラになるくらい食べてしまいます。かつてはおかずを兼ねた汁物でしたが、現在では汁物としても、また汁を少なくして煮物としても食べられています。日常にも、大晦日や正月にも食べられます。

家で豚を飼っていた頃は、豚を屠《ほふ》って豚足の表面を焼き、毛などをこそげとる作業からすべて自前でやっていましたが、今では下処理された豚足が手軽に購入できるので、ティビチ料理も気軽につくることができます。

協力＝喜納静子、平田信子、大城芳子、高良和子　著作委員＝田原美和、名嘉裕子

＜材料＞ 4人分

豚足*…8個（1個約150g）
昆布（煮物用）…2枚（約20g）
┌ 大根…1/2本（約600g）
└ 塩…少々
水（またはかつおだし）…9カップ
┌ 砂糖…大さじ1
│ みりん…大さじ2
│ 酒…大さじ2
└ 醤油…大さじ2

*すねの部分からつま先までの豚足全体をティビチ（テビチ）と呼ぶが、足の甲（足先）の部分だけを指す場合はチマグと呼ぶ。

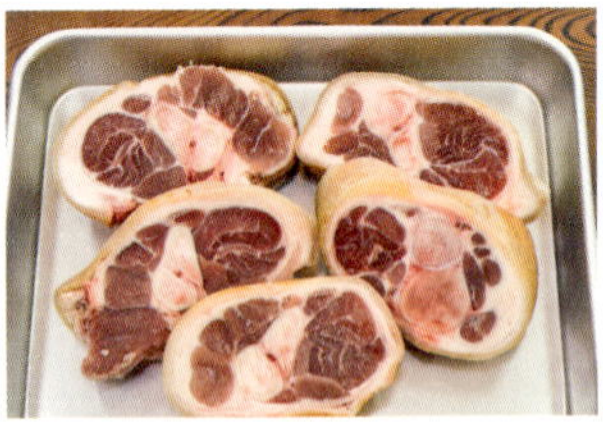

ティビチ（すねの部分）の輪切り

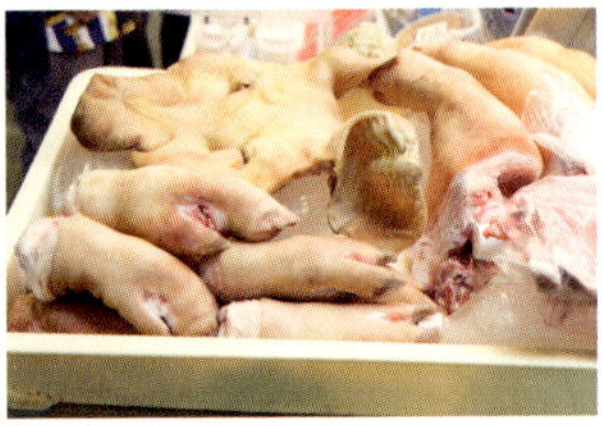

チマグ（足の甲の部分）

＜つくり方＞

1 豚足は臭いを消すために熱湯でゆがく。
2 大根は皮をむき、2cm程度の輪切りにして、塩を加えた熱湯で少しかために下ゆでする。
3 昆布は水で戻し、食べやすい大きさの結び昆布にする。
4 水に調味料を加え、豚足と昆布を入れて火にかけ、沸騰したら中火～やや弱火にして、アクをとりながら豚足がやわらかくなるまで3時間ほど煮こむ。
5 4に大根を加えて味がしみこむまでさらに煮こむ。
6 味をみて、足りなければ醤油（分量外）を加えて調える。

◎あまり煮すぎると煮くずれるので、豚足はいったんとり出して、大根に味がしみこんでから戻す場合もある。

沖縄の豚料理の広がり

豚は肉も内臓も皮も余すところなく食べる沖縄では、他県ではあまり見られない豚料理が定着しています。

豚肉を甘めの味噌でとろりと煮た味噌汁「イナムドゥチ」は行事食にもよく出されます。「イノシシもどき」という意味なので、かつてはイノシシをそうして食べていたのかもしれません。ソーキ（骨つきあばら肉）を煮こんだ「ソーキ骨のお汁」もおいしく、「チムシンジ（豚肝臓の煎じ物）」は滋養食、クスイ（薬）としてつくられていました。また、「ナカミ汁（豚胃腸の吸い物）」は豚の胃や腸をていねいに下ごしらえして臭みをとったすまし汁で、正月料理や宴席には欠かせない上等な料理です。チラガー（顔の皮）はスモークして味つけしたものならそのままスライスして食べ、生なら下ゆでしてから煮つけたり炒め物に入れたりします。血も滋養食として炒り煮にして食べられています。

撮影／長野陽一

〈沖縄県〉

ミミガーサシミ

ミミガーは「耳の皮」。といっても皮と軟骨を含めた豚の耳そのものを指します。ゼラチン質が多くたんぱく質、コラーゲンが含まれていて、コリコリとした食感が魅力です。下処理して細切りにしたものや味つけしたものが売られています。

ミミガーサシミはミミガーの酢味噌和えですが、酢味噌にピーナッツバターが入る沖縄ならではの調理法で、落花生のコクが加わりうま味の濃い料理です。酒の肴として親しまれていますが、法事料理としても大切なものです。

戦前から、つぶした落花生を入れた酢味噌でミミガーを和えることはあったようですが、戦後はピーナッツバターが広く使われるようになりました。米軍基地が那覇市内にもおかれ、アメリカ製の缶詰やお菓子、調味料などが一般の家庭の食卓にも浸透していったのです。商業の中心地であった那覇市には輸入品を扱うデパートや小売店が多くあり、国際的な文化が日常生活に溶けこんでいきました。

協力＝浦崎米子、大嶺桂子、大嶺文子
著作委員＝名嘉裕子、森山克子、大城まみ

撮影／長野陽一

＜材料＞ 4〜5人分

ミミガー*…100g
きゅうり…2本（200g）
もやし…100g
- ピーナッツバター…50g
- 白味噌**…20g
- 砂糖…30g
- 塩…小さじ1/2
- 酢…小さじ4

*豚の耳の皮と軟骨部分。毛などを処理して細切りになった状態で市販されている。

**甘口の米味噌。

＜つくり方＞

1. ミミガーは2、3回ゆでこぼす。
2. もやしはサッとゆでてザルにあげる。きゅうりはせん切りにする。
3. ピーナッツバターと調味料をよく混ぜ合わせて和え衣をつくる。
4. 3によく水けをきったミミガーともやしときゅうりを加えて和える。

ミミガー。味つけしたものやジャーキータイプのものもある

羊と馬といのししの料理

羊は羊毛生産で飼われた北海道で、馬は農耕馬・軍用馬の産地に近いところでよく食べられ、いのししは山間部を中心に、秋冬の狩猟シーズンに食べられてきました。それぞれの肉が持つにおいやかたさなどを和らげ、おいしく食べるための料理が伝えられています。

〈北海道〉

ジンギスカン鍋

北海道を代表する肉料理といえばジンギスカンです。昔はどの家にもジンギスカン鍋があり、長い冬は茶の間に新聞紙を敷いて七輪に炭をおこし、夏は野外で炭をおこし、丸い形の冷凍マトンロール肉と野菜をジュージューと豪快に焼きながら家族で食べました。

現在、マトンは輸入品が多いのですが、昔は北海道産でした。羊毛生産のため大正時代初期に滝川や札幌の月寒《つきさむ》に種羊場がつくられ、戦後から道内の農家で羊の飼育がさかんになりました。年をとった羊の活用法としてジンギスカンが食べられるようになったのです。

焼くときは、肉は上、野菜は下におきます。鍋は中央が少し高くなり溝があるので、肉からでた脂は溝を伝わって野菜にもなじみ、最後に余った脂は鍋のふちにたまります。鍋のふちで焦げた野菜がまたおいしく、たれにまぶしてご飯にのせて食べるのです。片づけが面倒だと、近年家庭ではホットプレートを使うことも多くなりましたが、やはりジンギスカン鍋で焼くと格別のおいしさです。

協力＝砂澤洋子　著作委員＝山口敦子

<材料> 4人分

マトン*（薄切り冷凍肉）…1kg
キャベツ…1/2個（500g）
もやし…2袋（400〜500g）
玉ねぎ…中1個（200g）
にんじん…中1本（120g）
なす…中2個（160g）
ピーマン…2個（80g）
かぼちゃ…100g
肉の脂か油…適量

たれ（2.5カップ分）
- りんご…1/2個（130g）
- 玉ねぎ…中1個（200g）
- しょうが…2.5かけ（50g）
- にんにく…2かけ（10g）
- みかん（缶詰）…80g
- 醤油…1カップ弱（180mℓ）
- ウスターソース…1/2カップ
- 砂糖…100g
- レモン汁…中1個分（30mℓ）
- 昆布（粉末）…小さじ2

*生後1年未満の子羊の肉をラム、1年以上の羊の肉をマトンという。

ジンギスカン鍋。中央が高く、表面に溝がある

<つくり方>

1 キャベツは大きめに切り、もやしはさっと洗う。玉ねぎは半分に切り1cm厚さ、にんじんは縦に薄切りにする。なすは1cm厚さ、ピーマンは2cm幅、かぼちゃは1cm厚さに切る。他に白菜、春菊、アスパラガスなどの野菜を入れてもよい。

2 たれの材料をすべて混ぜ合わせる。りんごと野菜はすりおろし、みかんはミキサーにかける。

3 ジンギスカン鍋を火にかけて熱し、肉の脂を鍋肌になじませる。

4 鍋の中央にマトンをのせ、周りに野菜をのせて焼く。肉は赤いところがないように両面を焼き、野菜もやわらかくなるまで返しながら焼く。

5 焼きたてにたれをつけて食べる。

◎残ったたれは冷蔵庫で約1週間保存可能。

◎使用後のジンギスカン鍋は、ふちにたまった脂などを布や紙で吸い取ったあと、熱湯をかけて表面の脂を流し、中性洗剤とたわしなどでこすって洗う。表面が乾いたらうすく油を塗る。次は表面を洗ってから使う。

◎ホットプレートの場合は、肉の脂や野菜から出る水分がプレートにたまるのでペーパータオルなどでとり除く。

撮影／高木あつ子

〈青森県〉

馬肉鍋

南部地方は平安時代からの馬の産地で、祭りや玩具など馬にまつわるものがたくさんあります。馬肉鍋をはじめとする馬肉料理もその一つで、なかでも五戸《ごのへ》には馬の仲買人（馬喰《ばくろう》）が多かったこともあり、大正時代から町内に馬肉料理屋がありました。

馬肉鍋を家庭で食べるようになったのは戦後になってからです。日常的にも人が集まるときにつくられました。各家で味は違いますが、味噌が馬肉の臭みを緩和するので味噌仕立てが多いです。馬肉と高菜漬けは昔から相性がよいといわれ、鍋に限らず、炒め物にも使われていました。馬肉独特のうま味と高菜のシャキシャキ感との調和が親しまれています。

できあがった鍋はそのまま食べてもいいのですが、南蛮味噌を薬味にするとピリッとした辛みがアクセントになり、おいしさが増します。馬肉は低脂肪・高たんぱく質の栄養バランスのとれた食材で、昔から食べると体が温まり、とくに女性の体によいといわれており、冬によくつくられる鍋です。

協力＝水梨たつ子　著作委員＝澤田千晴

写真／五十嵐公

＜材料＞4人分

馬肉（薄切り）…300g
ごぼう…1/2本
高菜の塩漬け*…200g
焼き豆腐…1丁（200g）
糸こんにゃく…300g
にんにく…1かけ
長ねぎ…1本
馬の脂…適量
水…3カップ
味噌…60g
酒…大さじ1
醤油…小さじ2
みりん…大さじ2
南蛮味噌**…好みで適量

*時期によって高菜の塩漬けがないときは、キャベツや手元にある野菜でよい。

**青唐辛子（青南蛮）を醤油と麹で漬けた調味料。一升漬けともいう。

馬肉鍋の材料。左手前の南蛮味噌をつけて食べる

＜つくり方＞

1 高菜の塩漬けは水を取り替えながらたっぷりの水で塩抜きし、長さ3cmに切る。
2 ごぼうはささがき、豆腐は短冊切り、糸こんにゃくはゆでて食べやすい長さに切り、にんにくはすりおろし、ねぎは斜めに切る。
3 鍋を熱して馬の脂を炒め、馬肉を入れてさらに炒める。
4 馬肉に火が通ったら、にんにくとごぼうを入れて混ぜ合わせる。
5 分量の水を加えて煮立ってきたら、味噌を入れて味をつける。
6 糸こんにゃく、高菜、豆腐を加えて5分ほど煮て、酒、醤油、みりんを加える。
7 長ねぎを入れて火を止め、余熱で3分ほどおいたらできあがり。馬肉は煮こみ過ぎるとかたくなるので火を通し過ぎない。好みで南蛮味噌を薬味にして食べる。

〈秋田県〉

馬かやき

撮影／高木あつ子

＜材料＞ 4人分

馬肉…400g
にんにく…1かけ（10g）
大根…約5cm（200g）
ごぼう…2本（120g）
つきこんにゃく…1袋（170g）
長ねぎ…1本（70g）
水…適量
酒…1/2カップ
赤味噌*…大さじ4
醤油…大さじ2

*塩分濃度、麹歩合とも高い赤色辛口の米味噌。

＜つくり方＞

1 馬肉を食べやすい大きさに切る。
2 にんにくは薄切り、大根は乱切り、ごぼうは乱切りにして水につけてアク抜きをする。こんにゃくは湯通しする。長ねぎは斜め切りにする。
3 鍋に馬肉とかぶるくらいの水、にんにくを入れ、火にかける。馬肉は煮るとアクがたくさん出るので、沸騰したらアクをとり、肉がやわらかくなるまで30分以上煮る。大根、ごぼうを加え火が通ったら、こんにゃくを加える。
4 酒、醤油、味噌を加えて調味後、仕上げに長ねぎを加える。

馬かやきとは馬肉とこんにゃくなどを煮たもので、馬肉鍋、馬肉の煮こみと呼ぶこともあります。秋田県北には古くから鉱山が多く、金や銀、銅が採掘されました。旧南部藩の鹿角《かづの》は馬産地でもあり、過酷な肉体労働に従事する鉱夫たちが力をつけるため好んで食べたのが馬肉で、ここから馬肉文化が始まったとされています。粉じんを吸っておこるヨロケ（じん肺）によいので食べるようになったともいわれています。

「かやき」はもともとは、大きな貝殻を鍋代わりとし、季節の魚や野菜などを味つけしただし汁で煮こんだもので、内陸部などでは貝を利用しない鍋料理も、かやきと呼びます。馬かやきは、春にはとりたてのたけのこ（細竹。根曲がり竹ともいう）と、秋冬には、大根やごぼうなどの根菜類と煮こみます。この地域では現在も精肉店で馬肉を販売しているので、普段の食事でも食べられています。

著作委員＝高山裕子

〈山形県〉

もつ煮

県の北東内陸部にある最上《もがみ》地方では、多くの農家が戦前から農耕用の馬を飼っていました。2歳馬を買って春は田起こしや代かき、冬場は材木の切り出しや運搬などに使い、4〜5歳になったら肥らせて馬喰《ばくろう》（家畜商）に売って、また2歳馬を購入します。どこでも2〜3年で更新するため、馬肉や馬《うま》もつがさかんに流通しました。

それでも赤身の肉を食べるのは盆や正月で、普段はもつ（小腸）を食べます。とくに労働のきつい田植えや稲の刈り上げ時期にはもつ煮をよくつくりました。昭和40年代に耕耘機《こううんき》が導入されると馬を飼う家は減り、馬を食べることは少なくなりましたが、もつ煮は今も盆や正月、来客時などにごちそうとしてつくられています。

もつは生《なま》を使います。鮮度のよいものが手に入るので下ゆでせずに直接煮こみますが、臭みはあまり感じられません。かたいので、煮ては冷まし、煮ては冷ましを繰り返し、自分の好みのかたさになったら食べ始めます。

協力＝松坂初子、松坂浩美
著作委員＝宮地洋子

撮影／長野陽一

＜材料＞ 4人分

A
- うつこ（馬もつ）*…1kg
- しょうが…1かけ（20g）
- にんにく…2かけ（15g）
- 醤油…1/2カップ
- 酒…1カップ
- 水…3/4カップ

長ねぎ…適量
七味唐辛子…少量

*生の馬のもつ（小腸）をひと口大（約3cm幅）に切ったもの。鮮度のよいものを使う。

＜つくり方＞

1 しょうがは薄切り、にんにくは薄切りしてつぶす。
2 鍋にAを入れ、もつが浸る程度に水（分量外）を足し火にかける。中〜強火で煮立つまでかき混ぜる。
3 もつから水分が出てきてひと煮立ちしたらアクをとり、火を弱めて蓋をして1時間くらい煮こむ。そのまま冷まし、冷めたらまた火を入れる。
4 火を入れて冷ますを3、4回繰り返す。もつがやわらかくなり、煮汁が鍋底に少し残るまで煮こむ。
5 器に盛り、好みで小口切りにした長ねぎと七味唐辛子を添える。

◎火を入れるのは朝と夕方の1日2回ほど。もつはかたいので、2〜3日かけじっくり煮てやわらかくする。

〈岡山県〉

しし鍋

県北の山間の温泉地である奥津町では、春は山菜、夏は渓流魚、秋はきのこに冬はいのししや鹿と、四季を通じて山の恵みを食材にしてきました。昔は野うさぎや山鳥もとれたそうです。

しし鍋はぼたん鍋ともいい、鮮やかな肉の色や、それを皿に盛った様子をぼたんの花に見立てて古くから親しまれています。いのししがとれたときに近所の人と食べるごちそうで、冬を乗り切る栄養源でもありました。肉もごちそうですが、肉のうま味をたっぷり吸った野菜も好まれ、一度しし鍋をつくると水や野菜を足しながら、3日かけて大事に食べたという昭和初期の話もありました。山の恵みをありがたく最後の最後までいただいたのです。

いのししの肉は人によっては臭みがあるといいますが、ここでは山で血抜きと内臓処理を素早くしたあと、一晩つるして臭みの原因となる血や体液を抜くので、臭みがないという話です。さばいたあとの残りの骨でスープをとるのも、地元ならではの贅沢です。

協力＝片田充則　著作委員＝人見哲子

撮影／長野陽一

<材料>（4人分）

イノシシ肉(ロース、バラ、ももなど)…600g
白菜…1/4個（600g）
大根…1/4本（250g）
にんじん…1/2本（70g）
ごぼう…1/2本（80g）
椎茸…4枚
豆腐…1丁（300g）
長ねぎ…2本（200g）
水菜…1束（130g）
せり…1束（150g）
だし汁（イノシシまたはかつお節）*…1.5ℓ
米味噌…大さじ4
みりん…大さじ2
酒…大さじ4
醤油…3/4カップ

*イノシシの骨が手に入ったら、その骨でスープをとる。なければかつお節でもよい。

鍋の材料（冬にとれたイノシシ肉は、冷凍保存されて通年食べられる）

<つくり方>

1 肉は薄切り、白菜、大根、にんじんは食べやすい大きさに切る。ごぼうは太めのささがきにし、椎茸は半分に切る。豆腐は8等分、ねぎは斜め切り、水菜とせりは食べやすい大きさに切る。
2 だし汁に調味料を入れて煮立てる。
3 沸騰したら肉、白菜の芯の部分と大根、にんじん、ごぼうを加えて中火で熱する。アクが出たら丁寧にとる。
4 白菜の残りと椎茸、豆腐、ねぎを加える。
5 最後に水菜とせりを加えてできあがり。

〈島根県〉

ぼたん鍋

ジビエ、野生の獣肉として注目されるいのしし肉は、昔から農作物を荒らす野獣として狩りの標的でした。中国山地が連なる県の東部から西部地域の山間部も例外ではなく、津和野藩ではいのしし1頭につき米3升を褒賞として与え、獲殺を奨励したといわれています。江戸時代は獣肉を食べることは禁忌だったので、「山くじら」と呼んでいました。

狩りでとったいのししは、たっぷりのだし汁と醤油でぼたん鍋にします。奥出雲町から津和野町まで広く親しまれている冬の鍋で、豪雪地帯の山間部では冬場の貴重なたんぱく質源でもあります。野菜はあるものでいいですが、ごぼうは肉の臭みをとるので外せません。また、冷凍のしし肉は解凍した際にドリップとともに臭みがとれます。さっと火を通したロース肉はとてもやわらかく脂身とのバランスが最高です。オスよりメスがおいしく、ウリ坊（いのししの子）よりはある程度成長し、脂ののったほうがおいしいそうです。

協力＝宮本美保子、大場郁子、金高梅子
著作委員＝石田千津恵

撮影／高木あつ子

＜材料＞ 4人分

しし（イノシシ）肉（冷凍肉の塊）…500g
白菜…1/4個
大根…1/4本（250g）
ごぼう…1本
長ねぎ…1本
椎茸…6枚
えのきたけ…1袋
豆腐…1丁
しらたき（糸こんにゃく）…1袋
だし汁（かつお節と昆布）…1ℓ
うす口醤油…大さじ2

＜つくり方＞

1 冷凍されているしし肉をほどよく解凍して薄切りにする。完全に解凍せず、少しかたさが残るくらいが切りやすい。解凍した際に出たドリップは捨てる。
2 白菜はざく切り、大根は短冊切り、ごぼうはささがき、ねぎは斜め切りにする。椎茸とえのきたけは石づきをとり、豆腐としらたきは適当な大きさに切る。
3 土鍋にだし汁とうす口醤油を入れて煮立て、野菜や豆腐、きのこ、しらたきとしし肉を入れて煮る。煮すぎるとしわく（かたく）なるので、肉に火が通ったらとり分ける。

〈徳島県〉

しし鍋

県南の山間部、那賀町《なかちょう》では味噌味で煮こんだしし鍋は冬のごちそうです。今は、人里に下りて田畑を荒らすいのししは害獣といわれますが、昔は山の恵みとされていました。

この地域では、昔は行商から買った海魚や、渓流で釣った川魚を食べることが多く、飼っていた鶏もたびたび食べられるものではありませんでした。豚や牛の肉に至ってはほとんど食べられず、ですから猟でとれるいのししは貴重な肉で、すき焼きや鍋にして食べました。たくさんの野菜とともに煮こんだ鍋を家族で囲んで、思い切り肉を食べるのです。脂ののったしし肉はやわらかく、味のしみた野菜もおいしかったそうです。

しし肉は家族に猟師がいれば山に行って手に入れたり、知り合いの猟師からもらったりします。いのししは捕獲やその後の血抜きがうまくいかないと臭くなったり、かたくなったりします。いのししがおいしく食べられるのは、猟師の熟練したこれらの技があるからです。

協力＝福井初恵　著作委員＝金丸芳

撮影／長野陽一

<材料> 4人分

イノシシ肉（ロース、もも、バラなどの塊）…600g
白菜…中1/4個（250g）
大根…中1/4本（200g）
にんじん…1/2本（100g）
えのきたけ…1袋（100g）
椎茸…8枚
ごぼう…1本（160g）
白ねぎ（長ねぎ）…2本（200g）
春菊…1束（200g）
せり…1/2束（または三つ葉1束）
糸こんにゃく…200g（1袋）
豆腐…1丁
だし汁（煮干し）…1ℓ
御膳味噌*… 大さじ4（好みで増減）

*赤系甘口の米味噌で、麹歩合が高く、大豆の風味豊かな徳島県の味噌。

しし鍋の材料。イノシシ肉とたっぷりの野菜を煮干しだしと味噌で煮る

<つくり方>

1 イノシシ肉は薄切りにして、適当な大きさに切る。
2 白菜はざく切り、大根、にんじんは4cm長さの薄い短冊切りにする。えのきたけは食べやすい長さに、椎茸は飾り切りにする。
3 ごぼうはささがきにして水にさらす。ねぎは1cm厚さの斜め切り、春菊とせりは4cm長さに切る。
4 糸こんにゃくはゆでて食べやすい長さに切る。豆腐は16個に切る。
5 せり以外の材料を鍋に並べ、だし汁を入れ火にかける。煮立ったらアクをとり、味噌を溶き入れる。最後にせりを入れ、肉に火が通ったら食べる。

〈高知県〉

しし鍋

高知県は、森林率が84%と全国1位で野生動物も多く生息し、とくにいのししが多いため、昔からいのしし猟がさかんです。狩猟期は11月から3月。いのししは山間部の冬の貴重なたんぱく質源でした。狩猟前は銃を手入れし弾を確認し、山の神に安全を祈願します。猟を終えて山を下りるときは山の神の祠《ほこら》や仕留めた場所に獲物の一部、耳や尻尾、頭を供えます。山の神に森を荒らしたことをわびながらいただいた命に感謝し、猟の安全が続くことを願うのです。

ここで紹介している北川村のしし鍋は醤油と砂糖味。味噌味の地域もありますが、肉と相性のよい大根は必ず入れます。解体法もいろいろで、土佐市では湯をかけながら鎌のようなもので毛をのけるそうですが、北川村では毛も含め皮ごと除き、コラーゲンの多いおいしい部位は残すそうです。煮れば煮るほどやわらかくなり、アクをこまめにとることで特有の臭みが消え、肉のうま味が楽しめます。

協力＝弘田純清（土佐の里山グループ合同会社）、上岡昭善　著作委員＝五藤泰子

撮影／長野陽一

<材料> 4人分

イノシシ肉（ロースなど塊）…500g
大根…1/2本（500g）
白菜…1/4個（500g）
豆腐…大1丁（400g）
青ねぎ…4〜5本（100g）
水…適量
砂糖…1/2カップ
酒…1/2カップ
醤油…1/2カップ

◎にんじん、ごぼう、里芋、こんにゃく、椎茸、しょうが、葉にんにくなどを入れる地域もある。

<つくり方>

1 イノシシ肉は薄切りして食べやすい大きさに切り、たっぷりの水でアクをとりながら1時間煮る。
2 大根は半月切りかそぎ切り、白菜は4cm幅、豆腐は角切り、青ねぎは5cm長さに切る。
3 肉がやわらかくなったら、大根など煮えにくいものを1に入れて煮る。
4 白菜、豆腐を加え、砂糖、酒、醤油で味をつけて煮て、青ねぎを加える。あつあつのところを食べる。

◎冷凍の塊肉は、半解凍の状態が切りやすい。

冬のイノシシ肉は、脂身が多く、甘みとうま味がある

くじらの料理

海の哺乳類であるくじらは、戦後の食糧難の時代、日本人の食生活を支えてくれた大事なたんぱく質源でした。日本には昔からくじらを頭から尻尾まで余すことなく使いつくす技があり、赤身肉から脂肪、尾びれなどを使った料理が登場します。

〈秋田県〉

くじらかやき

夏によく食べる、くじらとなすの煮物です。くじらは塩くじらという黒い皮のついた脂身の塩漬けで、少しコリッとした皮とこくのある脂身が淡白ななすとよく合い、秋田県ではほぼ全域で夏の普段のおかずとして食べられています。塩くじらは、春はヒロッコ（あさつきの一種）、初夏には、みず（うわばみそう）など旬の山菜と組み合わせてもおいしく、くじらがないときは、常備している鯖の水煮缶でつくることもあります。

かやきとは貝焼きのことで、もともとはほたての大きな貝殻を利用した汁けの少ない一人用鍋料理のことを指します。貝殻に具と調味料を入れて小さい専用のコンロをお膳につけ、一人ずつ煮ながら食べました。ハタハタをしょっつる（魚醤の一種）で煮るしょっつるかやきが有名ですが、味噌や醤油味もあれば、具も馬肉やふな、わかさぎなど地域ごとの素材でつくられています。現在、家庭では大きな鍋でまとめてつくり、一人分ずつ盛りつけます。

協力＝三沢多佳子、鈴木典子、小林輝子
著作委員＝駒場千佳子

撮影／高木あつ子

＜材料＞ 4人分

塩クジラ…80g
なす…3本
水…1.5カップ
秋田味噌*…20g

*赤色辛口で、麹歩合が高い米味噌。

＜つくり方＞

1 塩クジラは皮がついたまま拍子木切りにする。表面の塩を洗い落とし、熱湯でゆでてザルにとる。
2 なすは7〜8mm厚さの斜め切りにしてからせん切りにし、水につけてアクを抜く。
3 鍋に分量の水となすを入れ、やわらかくなるまで煮る。
4 クジラを入れてなじむまで煮て、味噌で味を調える。

塩クジラ（皮つき脂身の塩漬け）

〈千葉県〉
くじらの甘煮

房総半島沖合での捕鯨は江戸時代の初め、17世紀初頭からの歴史があります。くじらは、皮から肉、内臓まで余すところなく食材となり、戦後の食糧難の時代にも人々の食を支えました。この地域で捕鯨の対象になるのはツチクジラ*です。

捕鯨基地は何度か移っており、戦後は現在の南房総市の太平洋側、和田漁港になっています。昭和30年代には、東京湾側の旧富山町地区にも行商人が自転車でくじらを売りに来ていました。荷台には中がブリキ貼りの氷室保冷箱を積んで、生肉の塊を切り分けて量り売りしていたのです。くじらが捕獲されたときにしか来ないので、外で遊んでいる子どもたちが行商人の自転車を見つけると、急いで家に戻り買いに走ったそうです。

ツチクジラの肉は黒っぽくて見栄えはよくありませんが、この甘煮は赤じそを加えることで色味をよくし臭みを抑えています。ほかに竜田揚げや干し肉の「くじらのタレ」も親しまれています。

協力＝熱田恵子
著作委員＝梶谷節子、渡邊智子

撮影 / 高木あつ子

＜材料＞ 4人分

クジラ肉（赤身）…300g
しょうが…1かけ
（あれば）赤じその葉…10枚
砂糖…50g
醤油…1/4カップ
酒…30〜50mℓ
水…1カップ

＜つくり方＞

1 クジラをひと口大に切り、ゆでこぼす。
2 しょうがは細切りにする。赤じその葉は半分に切り、塩（分量外）でもみ軽くしぼる。
3 鍋に調味料と水を入れ、ひと煮立ちしたら、クジラ、しょうが、赤じその葉を入れ中火で煮る。アクが出たらなるべくとり除く。
4 弱火で煮汁がなくなるくらいまで煮つめる。
5 赤じそは除き、煮こんだしょうがをのせる。

＊ツチクジラは国際捕鯨委員会（IWC）も捕獲を禁止していない種類。日本全体でツチクジラは年間66頭の捕獲枠があり、和田漁港にはそのうち26頭が割り当てられている。

〈大阪府〉

関《かん》東《と》煮《だき》

おでんは西で生まれ、東へ伝わった料理です。具材を昆布だしの中で炊いて甘味噌をつけるおでん（煮こみ田楽）が、東では醤油風味の甘辛いだしで煮こむようになったといいます。そのスタイルが西に逆輸入されて関東煮、つまり関東の煮物と呼ばれたのです。関西で定着した「関東煮」は、江戸風味の濃口醤油のだしではなく、うす口醤油が主体のすっきりした味です。

大阪では鯨の皮の「ころ」や牛すじは必須の具材で、だしを含んでプルプルとした食感のころや、トロトロに煮えた牛すじが体を温めてくれます。他に鯨の舌「さえずり」やタコも好まれます。

寒い季節にはよくつくり、祭りや行事などに大勢集まるときには、前日からたくさん煮ておきます。大鍋ごと食卓に出すと、温かく味もしみこみおいしくなります。4人用くらいで仕切りのついた家庭用おでん鍋も、じゃがいもなどが重なって煮くずれすることがなく、ちょっとしたおでん屋さん気分も味わえる楽しい道具です。

協力＝狩野敦、米澤朋子・美栄子、古谷泰啓・惇子、箕美佐子　著作委員＝山本悦子

＜材料＞ 4人分

A
- 牛すじ肉…200g
- ころ…150g
- じゃがいも…小4個（400g）
- 大根…1/3本（400g）
- こんにゃく…160g
- 厚揚げ…4個

B
- 煮こみちくわ*…2本
- ごぼう天…4本
- 丸天…4枚
- ゆで卵…4個

だし汁（昆布とかつお節）…1500mℓ
うす口醤油…1/2カップ弱（90mℓ）
みりん…60mℓ
練り辛子…適量

*煮こんでもやわらかくなりすぎず、ほどよい歯ごたえを楽しめる、煮こみ料理向けのちくわ。

ころ。クジラの皮と脂身を揚げたもの。食べやすい大きさに切ったら、そのままだし汁に入れてよい

＜つくり方＞

1. 牛すじ肉は下ゆで後、ひと口大に切り竹串に刺す（p28参照）。
2. ころは食べやすい大きさに切る。
3. じゃがいもは皮ごと水からゆで、皮をむく。
4. 大根は3cm厚さの輪切りにし皮をむき、面取りし、隠し包丁をして米のとぎ汁（分量外）でゆでる。
5. こんにゃくは三角に切り、細かく切りこみを入れてゆでる。
6. 厚揚げ、ごぼう天、丸天は熱湯をかけて油抜きをする。
7. ちくわは斜め半分に切る。
8. 鍋にだし汁を入れ、醤油、みりんで調味をする。Aを入れ弱火で煮こむ。少し時間をずらしBを加えて煮こむ。
9. 好きなものを器にとり、好みで練り辛子を添える。

家庭用のおでん鍋

撮影／高木あつ子

〈大阪府〉

ハリハリ鍋

具材はくじら肉と水菜だけのシンプルな鍋です。味つけもだし汁と醤油・酒だけで、それでいてうま味たっぷりの鍋になります。水菜のほろ苦さはくじらと相性がよく、だし汁を使わずに水菜から出る水分だけで煮て、醤油や酒で味つけすることもあります。

「ハリハリ」は、水菜のシャキシャキとした食感を表現しています。この歯ごたえもおいしさのうち。かつてはわざわざ買いに行くより、そこらあたりに生えているという感じのごく庶民的な野菜で、くじら肉も商業捕鯨が中止されるまでは安価な食材でした。大阪の人が得意な安くておいしい「おばんざい」のひとつだったのです。

昭和30年から40年頃は、学校給食でくじらの竜田揚げ、しょうが焼き、カツが出されました。関東煮に欠かせない「ころ」はハリハリ鍋や粕汁に入れたり、夏には「おばけ(尾羽毛)」を酢味噌や辛子酢味噌で食べるなど、くじらは身近な食材でした。今は手に入れにくくなったので、ハリハリ鍋も豚肉でつくることが多くなりました。

協力＝倉田裕子　著作委員＝山本悦子

撮影／高木あつ子

＜材料＞ 4人分

クジラ肉（赤身・尾の身）…300g
水菜…1kg
だし汁（昆布とかつお節）
…2ℓ
うす口醤油…大さじ5
酒…大さじ5
粉山椒、七味唐辛子…各適量

＜つくり方＞

1. クジラは5㎜厚さに切る。水菜は5㎝長さに切る。
2. 鍋にだし汁を入れ、醤油と酒で味を調える。
3. だし汁を煮立たせ、クジラを入れてひと煮立ちさせ、水菜を少しずつ加える。水菜はハリハリの歯ごたえを残すため、一度に入れず煮すぎない。
4. だし汁と一緒に食べる。好みで粉山椒や七味唐辛子を添える。

◎クジラ肉にかたくり粉を薄くつけて、さっとゆでてから鍋に入れる方法もある。だし汁がにごらず肉にだしがよくしみこむ。

クジラ肉と水菜。肉は尾の身。霜降りでとてもやわらかい

撮影／高木あつ子

＜材料＞ 4人分

クジラ肉…200g*
かたくり粉…大さじ2
水菜…1〜2束
豆腐…1丁
しめじ…1パック
しょうが…1かけ（25g）
だし汁
- 水…4カップ
- 昆布…10cm
- 酒…大さじ4
- 醤油…大さじ2
- うす口醤油…大さじ1

ポン酢醤油…適量

*豚もも肉で代用してもよい。その場合、分量は300g。

＜つくり方＞

1 クジラは薄く切り、かたくり粉をまぶして熱湯（分量外）で約1分ゆでてとり出し、水けをきる。

2 水菜は4cmに切る。豆腐は食べやすい大きさの角切りにする。しめじは小房にわける。しょうがは針しょうがにする。

3 鍋に水と昆布を入れ30分程度おき、火にかける。沸騰してきたら昆布をとり出し、醤油、うす口醤油を入れ、水菜と豆腐、しめじを加え煮る。沸騰したら1のクジラと2のしょうがを入れ、酒を加え水菜が色鮮やかになれば火を止める。

4 小鉢にとり、ポン酢醤油などで食べる。

◎クジラ肉はかたくり粉をまぶしてゆでるとやわらかく仕上がり、臭みもとれる。しょうがも臭みを軽減する。

〈兵庫県〉

はりはり鍋

東播磨の中心部になる加古川市は、神戸牛の産地が近い土地柄で肉料理は昔から親しまれてきましたが、牛肉はやはり高級食材で、特別な日のごちそうでした。一方、くじら肉は比較的手軽に利用でき、魚屋にはいつでも冷凍の肉や脂身（ころ）が用意されていました。肉は刺身や揚げ物、煮物などで食べ、脂身は粕汁に入れるとコクが加わり、寒い季節に体が温まります。

くじらには特有の臭みがあるので、食べやすくするためにいろいろな工夫がされました。レシピで紹介するかたくり粉やしょうがを使う方法は、臭みをとるだけでなく、くじら肉にツヤが出て、だし汁がよくしみるので食べるとほこほこと温まり満足感をもたらします。すりおろした玉ねぎにつけておくという人もいました。

江戸時代の『鯨《げい》肉《にく》調《ちょう》味《み》方《ほう》』という本にも、はりはり鍋に似た食べ方が出てきます。当時からくじらは71もの部位に分けて味噌漬けや鍬焼き、酢ぬた和えなどいろいろな調理法で食べていました。

協力＝細目早苗
著作委員＝富永しのぶ

〈和歌山県〉

くじらの竜田揚げ

紀伊半島の南部に位置する太地《たいじ》町《ちょう》は、多くの船でくじらを追い込んでとる日本の古式捕鯨の発祥の地といわれ、現在でも国の管理下で、沿岸小型捕鯨と追い込み網漁によるイルカ漁業が続けられています。リアス式の入り組んだ海岸線の多くは、背後が急な崖で耕地は多くありません。人々は目の前の海のくじらやイルカをとって暮らしてきました。くじらがとれると、町はくじらの肉や臓物を炊くにおいがし、ゆでた腸をもらって長いまま食べながら学校から帰る子どももいたそうです。

くじら肉はほかの肉類と比べてもたんぱく質が豊富で、戦後は貴重なたんぱく質源として日本の食卓を支えてきました。竜田揚げはその代表的な料理で、太地町では現在も学校給食で出されています。家庭でもオバキ（尾の部分）をしょうが入りの酢味噌で食べたり、イルカをすき焼きにしたりして食べています。イルカは独特のにおいがあるため一度ゆでこぼし、玉ねぎと炊くとおいしいそうです。

協力＝庄司清子、水谷昌子
著作委員＝川島明子

撮影／高木あつ子

＜材料＞ 4人分

クジラ肉（赤身）…320g

A
- 醤油…大さじ4
- 砂糖…大さじ2
- みりん…大さじ1
- 塩…少々
- こしょう…少々

おろししょうが…10g
かたくり粉…適量
揚げ油…適量

＜つくり方＞

1 クジラはペーパータオルに包み、血を除く。5mm厚さのひと口大に切り、1枚ずつ再びペーパータオルで血をふきとる。赤身は加熱するとかたくなるので、薄く切る。

2 ボウルにクジラ、A、おろししょうがを入れてよく混ぜ合わせ、冷蔵庫で30分以上寝かせる。

3 ひと切れずつ汁けをふきとってからかたくり粉をまぶし、180℃の油で3分ほどカリッと揚げる。クジラから水分が出るので、粉をまぶしたらすぐに揚げる。

◎クジラは血が出るので、切る前と後にペーパータオルでよくふきとる。

◎つけ汁にすりおろしたりんごを入れてもいい。キウイフルーツを入れると、肉がやわらかくなって臭みが減る。

〈山口県〉

くじらの竜田揚げ

撮影／高木あつ子

＜材料＞ 4人分

クジラ肉（赤身）…250g
しょうが…1かけ（20g）
醤油…大さじ3
かたくり粉…適量
揚げ油…適量
ししとうがらし…8本
キャベツ…2枚（120g）
トマト…小1個

＜つくり方＞

1 しょうがは皮つきのままですりおろし、醤油を混ぜる。
2 クジラは5〜6㎝長さの棒状に切って**1**と合わせて20〜30分おく。
3 **2**のクジラの汁けをペーパータオルで軽くふき、かたくり粉をつける。
4 ししとうがらしは縦に切れ目を入れるか、竹串で5、6カ所突く。
5 170℃の揚げ油でししとうをサッと揚げ、続いて**3**のクジラを揚げる。
6 クジラ、ししとうを盛り、せん切りキャベツとくし形に切ったトマトを添える。

山口県には近代捕鯨発祥の地として知られる下関市があります。現在でも南氷洋のくじらを調査する日本の船団が入出港するなどくじらとの関わりが続いています。竜田揚げはくじら肉が貴重となった現在でも地元のスーパーではときどき販売されています。

昭和30年から40年頃、周防大島あたりでは、肉といえばくじらか鶏で、客人があるときには家で飼っていた鶏のうち卵を産まなくなった老鶏をつぶしてもてなし、普段はくじらをときどき食べました。近所の商店が冷凍したくじら肉を販売していたのです。くじらは「肉」より「おばやけ（おばいけ。次ページ参照）」のほうが食卓に上る回数は多かったようです。

くじら肉は家庭では砂糖少々と醤油で季節の野菜と煮たり、砂糖醤油で下味をつけて焼いたり、素焼きして塩をふるなど、あまり手のかからない簡単な料理で食べていました。竜田揚げのように揚げて食べるようになったのは学校給食で広まって以降です。

協力＝松木あさ子、木村光子
著作委員＝山本由美、福田翼

〈山口県〉
おばいけのぬた

おばいけ（尾羽毛）は、くじらの尾びれ部分のことです。ゼラチン質と脂肪からなり、ふわふわでプリプリとした独特な食感です。酢味噌で食べるのが一般的ですが、わけぎやねぎを加えたぬたにしてもおいしいものです。

おばいけのぬたは決してかしこまった料理ではなく、日常的によく食べていた家庭料理です。酒の肴としても好まれ、少し甘めの酢味噌でつくると子どももよろこんでおかずとしても食べられました。節分に食べることもありました。山口県では節分に大きなものと小さなものを食べると大運が開けるといい、大きなものとしてくじらの赤肉やおばいけが店頭に並びます。小さなものはいわしです。

おばいけによく似た食材として塩蔵した本皮を薄切りにし、熱湯につけて水にさらしたものがあります。おばいけと同様に酢味噌で食べます。最近はくじら肉は高級品になり手に入りにくく、おばいけを食べる機会が少なくなりました。

著作委員＝福田翼、池田博子

撮影／高木あつ子

＜材料＞ 4人分

おばいけ*…100g
わけぎ…100g
味噌…大さじ2
砂糖…大さじ2
酢…大さじ2
練り辛子…小さじ1.5

*クジラの尾びれ部分。ゼラチン質と脂肪が主成分で、独特の食感。

＜つくり方＞

1 おばいけは食べやすい大きさに切る。
2 わけぎは根を除き、根元のかたい部分と葉に分けて切り、根元を先に、途中で葉を入れてゆでる。ザルにあげてぬめりをこそげとり、3cm長さに切る。
3 調味料と練り辛子をよく混ぜる。
4 3でおばいけとわけぎを和え、器に盛る。

おばいけ

撮影／長野陽一

<材料> 4人分

塩クジラ…60g
玉ねぎ…小1/2個（60g）
にんじん…1/2本（60g）
キャベツ…中1枚（60g）
ニラ…1/2束強（60g）
油…小さじ2
塩…小さじ1/4強（1.6g）
砂糖…小さじ1強（4g）
酒…小さじ1
醤油…小さじ2/3

<つくり方>

1 塩クジラは4cm長さのせん切りにし、フッ素樹脂加工のフライパンや、もち焼き網で表面に塩が出てくるまでさっと焼く。
2 水を張ったボウルに**1**のクジラをつける。水をとり替え、ベーコンくらいの塩加減になったら引き上げて水けをきる。
3 玉ねぎは薄切り、にんじんは細いせん切り、キャベツは太いせん切り、ニラは4cm長さに切る。
4 フライパンに油を入れ、野菜炒めの要領で炒め、塩、砂糖、酒で甘辛く味つけをする。火を止める前に、醤油を香りづけに加える。

塩クジラ（赤身肉の塩漬け）

〈福岡県〉

くじら肉と野菜の炒め物

県中央部に位置する筑豊地方は、江戸時代には長崎と小倉を結んだ長崎街道の宿場町があり、文化や産業が行き交うところでした。行商も多く、現代では流通量が少なくなったくじら肉も、この地域では日常食で、かしわ（鶏肉）よりもよく食べられ、脂身は野菜炒めに使ったり、赤身肉はカレーや煮物にしたりと、生くじらも塩くじらも食べていたそうです。

なかでも炭鉱の町でもある筑豊で、厳しい労働で多量の汗をかく坑夫を中心に消費されたのが塩くじらです。赤身肉の塩漬けで、塩辛いので、塩抜きをしてから季節の野菜と炒めたりしました。

塩くじらは肉の表面に塩が吹くまで焼いてから水につけると短時間で塩抜きできます。それでも塩辛いので少しずつ食べました。レシピの分量が少なめなのは、主菜でなく副菜だからで、たくさん並んだおかずの一つだったそうです。

協力＝旬彩ほなみ（小室孝子、松永和子）
著作委員＝八尋美希

〈長崎県〉

くじらなます

大根のなますにくじらのせん切りを加えたもので、くじらの脂でコクが出ます。薄切りのくじらがプリッとしており、大根やにんじんと違った食感と味わいが加わることで豪華さもプラスされます。昔はくじらは肉代わりで、長崎県下で食べられてきました。「勇魚《いさな》」と呼ばれて縁起のよいものとされ、正月・結婚式などの祝いの席で食べられます。部位によって調理法を変え、余すところなく大切に使い切りました。

長崎県と捕鯨の歴史は長く、江戸時代まで遡ります。当時、壱《い》岐《き》・対馬《つしま》・五島・平戸《ひらど》の各地に漁場があり、「一頭で七浦がにぎわう」くらい人々を豊かにしました。くじらは長崎の港で陸揚げ・解体後、各地に配分されるため長崎では新鮮な肉が食べられたのです。くじらを扱う専門店やくじら料理の種類も多く、刺身、くじらカツ(揚げ物)、くじらじゃが(煮物)、すき焼き、鍋、おでん、炊きこみご飯などに混ぜて今も食べられています。

協力＝川上不二子、新上五島町食生活改善推進協議会　著作委員＝冨永美穂子、石見百江

写真／長野陽一

＜材料＞ 10人分

大根…1/2本
にんじん…1/3本
クジラ(本皮)…40g
カボス…2個(またはレモン1個)
酢…1/3カップ
砂糖…大さじ4〜5
みりん…少々(1〜2mℓ)
塩…少々(0.5〜1g)

＜つくり方＞

1. 大根とにんじんは4〜5cm長さのせん切りにし、塩少量(分量外)をふりしんなりさせる。
2. クジラをせん切りにする。
3. 大根とにんじんがしんなりしたら、水洗いしてしっかりしぼる。
4. ボウルにカボスのしぼり汁、調味料を入れてよく混ぜ合わせる。
5. 4に3の大根とにんじんを混ぜ合わせて味をなじませる。
6. クジラを混ぜて味を調える。塩が足りないときは、うす口醤油(分量外)で調整する。

撮影／五十嵐公

＜材料＞ 10人分

イシイルカの赤身肉…600g
ごぼう…2本
長ねぎ…3本
砂糖…60g
醤油…大さじ4
酒…1/2カップ

＜つくり方＞

1 イルカは脂肪と皮をつけたまま、1.5cm角に切る。
2 かぶるぐらいの水で、水からゆでて血抜きをする。
3 ゆで汁が透明になるまで、3回ほどゆでこぼす。
4 ささがきにしたごぼう、1cm幅の斜め切りにしたねぎ、調味料を加えて、煮汁がほとんどなくなるまで甘辛く煮る。

◎大鍋でたくさんつくったほうがおいしくできる。

イルカの生肉。最近は冬にしか入荷しないので冬の料理になっている

〈茨城県〉

カマのごぼう煮

カマとはイルカのこと。茨城県の太平洋岸、鹿島灘沿岸で今も食べられている料理で、昭和30～40年代はこの地域の貴重なたんぱく質源でした。イルカは今でも沿岸を回遊し、打ち上げられることもありますが、出回っているのは岩手産のもの。店に並ぶと60代後半から70代の方たちが競って買うので、すぐ売り切れてしまいます。

鹿島灘沿岸は地の海産物に乏しく、入手できるのは千葉県銚子方面からの行商が運ぶ海産物、また霞ヶ浦や北浦の鯉、ボラ、ワカサギ、ウナギなどの佃煮や干物でしたが、いずれも高価なものでした。家で鶏を飼っていても、しめるのは卵を産めなくなった肉のかたい老鶏だけ。だから、たまに食卓に上るイルカはごちそう。皮のゼラチン質も厚い脂肪も赤い肉も日常の食事からとりにくい栄養です。ごぼうや大根などと一緒に甘じょっぱく煮て余すことなく食べました。昔はだしをとる習慣はなく、味つけは食材から出るだしのうま味に砂糖、醤油、味噌のみでした。

協力＝橋本ひさ子、仙土玲子
著作委員＝荒田玲子

くじらはまるごと食べられる

日本人とくじらのつきあいは縄文時代にさかのぼり、現代まで長い歴史があります。そのなかで、一頭のくじらをまるごと無駄なく食べる工夫を生み出してきたのです。ここでは、日本人がくじらのどの部位をどんなふうに食べてきたのかを紹介します。

写真／高木あつ子　イラスト／くぼあやこ

赤身（赤肉）

背や腹の脂肪の少ない部位。もっとも多くとれる肉。塩蔵の赤身を「塩くじら」と呼ぶ地域もある。千葉の「くじらのたれ」は赤身をタレに漬けて干したもの。→p53くじらの甘煮、p56ハリハリ鍋、p57はりはり鍋、p58、59くじらの竜田揚げ、p61くじら肉と野菜の炒め物

おばいけ・おばけ・尾羽（尾びれ）

刺身にしたり、そのまま酢味噌をつけたりして食べる。羽のような形から、尾羽毛＝おばいけ、おばけと呼ばれる。コリコリした食感が特徴。尾羽や本皮を塩漬けして薄切りし、熱湯をかけて冷水でさらしたものが「さらしくじら」。

→p60 おばいけのぬた

尾の身（尾の肉）

尾のつけ根あたりの肉で、脂が霜降りになっており、くじらの大トロなどといわれる。江戸時代の本でも美味とされている。くじらがとれるとまず尾の身を食べて祝ったり、塩漬けして何年も大切に食べたという話も伝わる。

→p56ハリハリ鍋

山口県下関市・唐戸市場のくじら肉の売り場。赤身や塩蔵肉、ベーコンなどの詰め合わせが並ぶ

蕪《かぶら》骨《ぼね》（軟骨）

くじらの頭部、上あご部分にある軟骨で、薄く削って刺身のつまのように添えて食べたり、粕漬けにして食べたりする。切り方・大きさにもよるが、コリコリ、シャリシャリといった食感。魚の同様の部位とともに「氷《ひ》頭《ず》」と呼ぶこともある。

さえずり（舌）

せせりともいう。脂肪分が多く、やわらかな口当たりとほどよい弾力、うま味と甘みが珍重される。薄くスライスしてポン酢醤油で食べたり、「ころ」のように関東煮に入れることもある。部位によって肉と脂肪のつきかたがだいぶ変わる。→p54関東煮

白身・白肉・本皮・脂皮

黒い皮のついた脂肪。薄くスライスして刺身で食べることもあれば、くじら汁、煮こみ、はりはり鍋など加熱することもある。塩をした塩くじらは、塩抜きしてなますにする。油で揚げた「ころ」は関東煮に欠かせない。→P52くじらかやき、p54関東煮、p62くじらなます

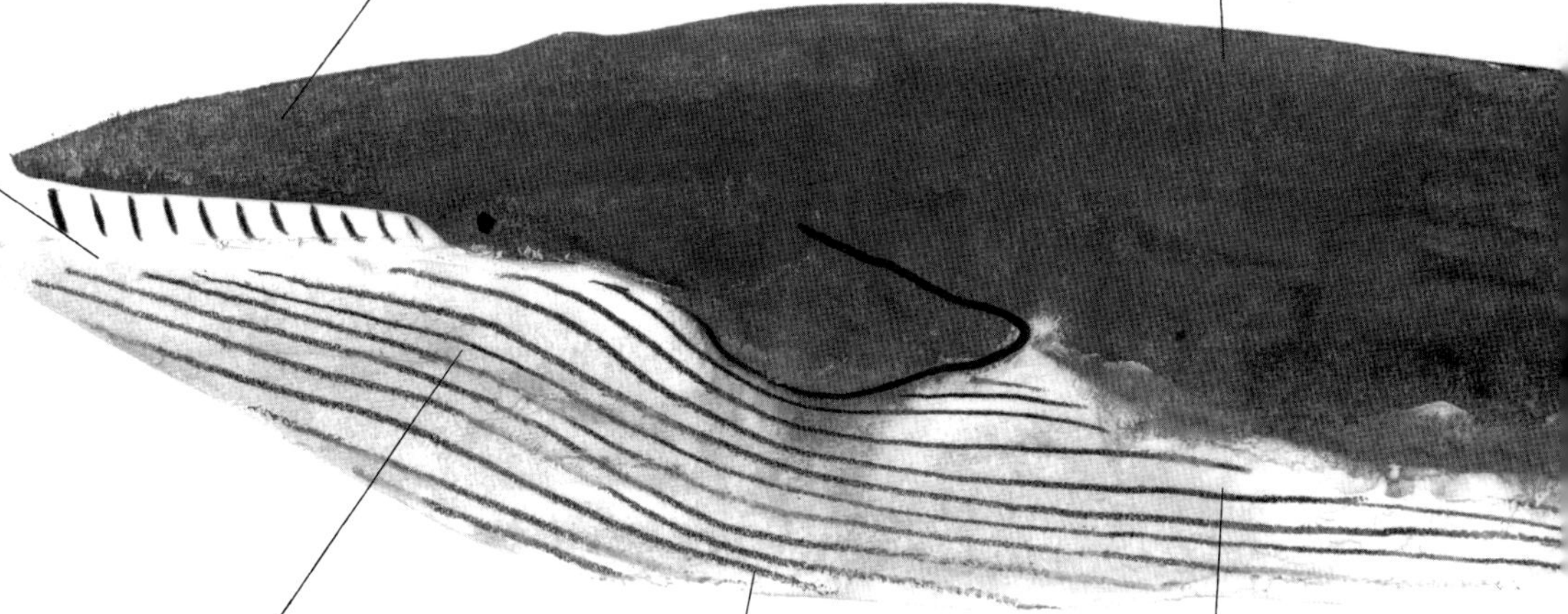

鹿《か》の子《こ》（下あごの肉）

あごからほほにかけての関節をおおう部位で、肉と脂が網目の鹿の子模様に混ざった霜降り肉。霜降り肉としては尾の身よりもかため。薄くスライスして刺身で、またははりはり鍋やしゃぶしゃぶなどでさっと加熱して食べる。

畝《うね》・畝《うね》須《す》（胸から腹の肉）

畑の畝のように、じゃばら状のスジになっている部分。畝は脂肪で、その奥にある筋肉が須の子。脂肪部分だけなら畝といい、肉もついたものを畝須という。くじらベーコンや塩くじらに加工される。ベーコンはスライスして食べ、塩くじらは汁や煮こみに使う。

豆《まめ》腸《わた》（腎臓）、百畳《ひゃくじょう》（胃）、百《ひゃく》尋《ひろ》（小腸）など

内臓はゆでてポン酢醤油などで食べることが多く「うでもの（ゆでもの）」と総称される。豆腸は脂肪分はなくあっさりしており、レバーに似た風味。百畳はさえずりに似た脂の風味と甘みを持つが脂肪分はやや少なめ。シコシコした食感の百尋は輪切りにして食べる。

卵と牛乳の料理

かつて貴重品だった卵は、昭和30年代半ばから安価で身近な素材になりました。卵焼きや茶碗蒸しなどの定番の卵料理も東西で味つけや具が違うようです。そのほか、珍しい和風の牛乳料理と、動物性たんぱく質源である虫の料理も紹介します。

〈青森県〉

貝焼き味噌

ホタテの貝殻を鍋にしてつくる料理です。卵と味噌を使うことから津軽ではたまご味噌、下北では味噌を入れて「かやぐ（ぐつぐつ煮る）」ので味噌かやきと呼ばれています。つくり方も材料もシンプルなので、今も朝食によく出る定番のおかずです。滋養があるので、昔からお産の際や具合が悪くなると、おかゆややわらかく炊いたご飯の上にのせて食べました。

貝焼き味噌に使うホタテの貝殻は、北海道産の天然物でできるだけ大きいものが便利です。青森の魚市場ではホタテの身だけでなくこの貝殻が販売されています。鍋のように何度も使えるので、3代にわたって使い続けている家もあります。

最近では、ホタテや白身魚のほぐし身など具のバリエーションが増えましたが、基本は卵と味噌。ホタテの貝殻から出ただしと煮干しのだしが合わさり、これだけで十分おいしいのです。土鍋でつくったものとは一味違うラま味があり、白いご飯がすすみます。

協力＝工藤良子、工藤テツコ
著作委員＝安田智子

撮影／五十嵐公

＜材料＞ 4人分

卵…2個（110g）
煮干し…4本（10g）
水…1/2カップ弱（90mℓ）
津軽味噌*…20g
長ねぎ…1/3本（10g）

直径15〜17cmのホタテ貝の殻1枚（貝殻1枚で4人分できる。一人用の土鍋でも代用可）

*赤系の辛口の米味噌。長く熟成させるので塩分が13%程度と高めで、独特のうま味がある。

＜つくり方＞

1 貝殻に分量の水を入れ、頭とはらわたをとり、2〜3つに割いた煮干しを入れる。煮干しは長く水に入れておくと濃いだしが出る。
2 五徳（ごとく）の上に1の貝殻をのせ、火にかける。沸騰したら3分ほど煮て煮干しをとり除き、味噌を溶き入れる。再度沸騰したところに、溶き卵を回し入れ（写真①）、ゆっくりと混ぜ、半熟状に仕上げる。
3 小口切りにしたねぎを散らす。火からおろし、スプーンでとり分けて食べる。

〈東京都〉

卵焼き

弁当箱を開いたときに卵焼きがあると、その黄色が目に飛び込み、食欲が増します。甘くて、冷めてもおいしい卵焼きは弁当の定番のおかずです。砂糖が多めの甘い卵焼き、醤油を入れたちょっと茶色の卵焼き、具の入った卵焼き、白身と黄身がまだらの卵焼きなど、さまざまな味つけとつくり方があり、それが家庭の味となっています。

東京で育った人にとって卵焼きは甘く、かためでしっかりとした食感があるものです。砂糖と醤油で味がついているのでそのまま食べます。大根おろしや醤油は使わないことが多いので、関西の人が初めて東京の卵焼きを食べると、味の違いにとても驚くようです。

かつて卵は貴重品といわれていましたが、昭和30年代半ば以降は卵の生産量は急激に伸びて安価になり、家庭でも当たり前に使われるようになりました。配合飼料の流通や品種の改良などにより、農家の庭先養鶏のかたちから大規模養鶏に大きく変わったことが背景にあります。

著作委員＝宇和川小百合

撮影／長野陽一

＜材料＞ 2人分

卵…2個
砂糖…大さじ1〜2（好みで）
醤油…小さじ1/2
油…適量
◎醤油の代わりに塩(0.3g)を使うと黄色みが増す。

＜つくり方＞

1 ボウルに卵を割り入れ、白身は箸で切るようにして、泡立てないように混ぜる。
2 調味料を加えて混ぜる。
3 卵焼き器を中火で熱し、油を全体になじませて余分な油をペーパータオルでふきとる。
4 卵焼き器に箸先で卵液を少々落とし、卵液がすぐに固まるようになったら、卵液の約1/3量を入れて全体に広げる。
5 卵の周りが固まってきて表面が半熟になったら、手前に折りたたみ、奥に卵を移動させる。空いたところと巻いた卵の下にも**3**で使用したペーパーで油を塗る。
6 空いたところに残りの半量の卵液を流し入れ、巻いた卵の下にも流す。再度**5**〜**6**を繰り返す。火は、卵が焦げないように加減する。
7 焼けたら形を整え、少し冷まして切る。

撮影／高木あつ子

<材料> 2人分

卵…3個
だし汁…1/4カップ（45〜55mℓ）
塩…小さじ1/6
うす口醤油…小さじ1/4
油…適量
大根おろし…適量

<つくり方>

1 卵を割りほぐし、だし汁、塩、醤油を泡立てないように混ぜ合わせる。
2 卵焼き器を熱して、薄く油をひき、1の卵液を少量流し、卵液がほぼ固まったくらいで手前に生地を移動させる。あいたところに油を薄く塗り、手前にした卵を向こう側に移動させる。手前に油を塗り卵液を流して、向こう側の生地を芯にして巻く。これを4〜5回繰り返す。
3 巻きすの上にとり出し、軽く巻いて形を整える。
4 大根おろしに醤油（分量外）を落としたそめおろしなどをつけ合わせにする。

〈大阪府〉

だし巻き卵

昭和35年から45年頃の大阪では、だし巻き卵はどちらかというと仕出し屋や店の料理で出てくるもので、家庭ではだし汁の入らない卵焼きの方が多くつくられていたようです。味つけに醤油を使うと色が悪くなるといって、弁当用の卵焼きは少量の塩と砂糖でつくることもありました。そうした感覚からすると、店のだし巻き卵は色もきれいで、とてもふんわりとしておいしく感じられたのです。

その後、中学や高校の家庭科や大学の調理実習では、関西ではだし巻き卵を習うことが多くなり、家庭でもだし巻き卵は身近になっていきました。だしを入れても「卵焼き」と呼ぶ家庭も多いのです。少量のだし汁をつくるのが面倒なときは水や牛乳を入れることもあり、粉末だしが出回ると、だし巻き卵もつくりやすくなったようです。基本は卵1個に対して15mℓ、重さで30%くらいのだし汁がつくりやすく、店のように卵の50〜60%のだし汁を入れると、くずれやすく巻きにくくなり家庭でつくるのは難しくなります。

著作委員＝東根裕子

〈宮城県〉

茶碗蒸し

県北東部の登米《とめ》地域では、鶏のそっぷ（スープ）を使った甘くて具だくさんの茶碗蒸しが昔から正月の一番のごちそうでした。卵は貴重な食材で、子どもたちは家の鶏が産んだ卵を食べずに売っておこづかいを貯める「卵貯金」をしていたという話があるくらいです。

茶碗蒸しの卵液は、卵に対してスープの割合が多いため、やわらかくとろっとした食感。スプーンですくうとゴロゴロと具が出てきます。長芋はゆりねの代用で、登米ならではの具材です。鶏肉や椎茸以外にも、さまざまな具を入れることで、ほくほくしていたり、甘かったり、塩けがあったりと一つの器の中でいろいろな味や食感を楽しめるのです。

昔は、どの家でも鶏を飼っており、年の瀬になると卵を産まなくなった鶏をつぶし、肉は具に、ガラでとったスープは卵と一緒に入れて茶碗蒸しをつくっていました。今でも市販のものより手づくりしたほうがおいしいと手羽先でスープをとる人もいます。

協力＝佐藤律子、渡邊照子、増子裕子、須藤庸子　著作委員＝矢島由佳、高澤まき子

撮影／高木あつ子

<材料>5人分

卵…3個（150g）
鶏ガラスープ
…3カップ（卵の4倍重量）
みりん…大さじ3
酒…大さじ1
塩…少々
┌ 鶏むね肉…100g
└ 酒…小さじ3/5（肉の3％重量）
長芋…20g
かまぼこ（白）…50g
なると…5g
椎茸…小5枚
栗甘露煮…5個
三つ葉の葉（または白髪ねぎ）…5枚

茶碗蒸しに入れる具材の種類は奇数にする

<つくり方>

1 肉はひと口大に切り、酒で臭みをとってからさっと湯通しする。
2 長芋は5cm長さの拍子木切りを10個つくり、下ゆでをする。
3 かまぼこは5枚に切る。包丁の先を斜めに入れ、こまかく動かしながら日の出の飾り切りをする。
4 なるとは5枚に切る。
5 椎茸は軸をとり、かさに花の飾り切りをする。
6 卵は割りほぐしてこす。鶏ガラスープ、調味料を加えて混ぜる。
7 一つの器につき、肉、栗甘露煮、長芋、かまぼこ、なるとの1/5量を順に入れ、6の卵液を静かに注ぐ。最後に椎茸を入れる。
8 湯気の上がった蒸し器に7を入れ、強火にかけて沸騰したら弱火にして10～15分蒸す。蒸し器の蓋はさらしで包んでおく。蒸し上がりの直前に三つ葉を入れる。

〈大阪府〉

小田巻蒸し

「小田巻蒸し」とはうどんが入った茶碗蒸しのことです。「小田巻」の語源は苧環《おだまき》で、麻糸を中空の球状に巻きつけたものを指します。器の中のうどんの様子を苧環に見立て、この名がつきました。字が難しいので「小田巻」の字があてられたそうです。

昭和30年代前半は卵はまだまだ貴重で、病気見舞いに持っていったほどです。店ではもみ殻の上におかれて、買うと1個1個検品して新聞紙にくるんで渡されました。

その卵を使った小田巻蒸しは、大阪人の好むうどんを入れ、一番だしをたっぷりと使って、昆布やかつお節が豊富だった大阪らしい料理です。商家では祝い麺として客膳に出されたそうです。卵が気軽に食べられるようになると、小田巻蒸しも身近な料理になりました。なると入りが定番で、ないと物足りない感じがしたものです。

冬場、夕食にご飯がちょっと少ないときにつくれば食卓も豪華になり、お腹も満たされました。夜食にもちょうどよいものです。

協力＝古谷泰啓・惇子、城野久美子、吉村育子、狩野敦　著作委員＝八木千鶴

撮影／高木あつ子

＜材料＞ 4人分

- 鶏ささみ…150g
- 塩…少々
- うす口醤油…少々
- 酒…小さじ1

- 無頭エビ…4尾
- 酒…少々

- 干し椎茸…4枚
- 椎茸の戻し汁…適量
- 砂糖…小さじ1
- 醤油…小さじ1
- みりん…小さじ1

- なると…8枚
- ゆでうどん…280g
- 卵（大）…3個（150g）

- だし汁（昆布とかつお節）…2と1/4カップ（卵の3倍重量）
- 塩…小さじ1/3
- うす口醤油…小さじ2と1/2（卵液＋だし汁の0.8％塩分）

- 三つ葉…4本
- ゆず（青ゆず）の皮…適量

＜つくり方＞

1 だし汁を温め、塩、うす口醤油で調味して冷ます。
2 ささみは薄くそぎ切りにし、塩、うす口醤油、酒で下味をつける。
3 エビは尾を残し殻と背わたをとり、酒をふる。
4 干し椎茸は戻し、ひたひたの戻し汁に調味料を加えて煮る。
5 三つ葉は3cm長さに切る。ゆずの皮は細切りにする。
6 うどんは熱湯で軽くほぐす。
7 卵をほぐし、1と合わせてこす。
8 蒸し茶碗にうどん、なるとと2〜4を入れ、7を注ぐ。
9 蒸し茶碗の蓋をして、蒸し器に入れ強火で10分蒸す。
10 表面の中心部近くを竹串で刺して、澄んだ汁がにじんでくれば完成。火を止めて三つ葉とゆずの皮をのせる。

◎250mℓくらい入る大振りの蒸し茶碗がよい。

◎強火で蒸しても、茶碗が大きく蓋もしているので、卵液は急な温度上昇が起こりにくく、スは入らない。

〈鹿児島県〉

こが焼き

こが焼きは祝い料理の卵焼きで、鹿児島の正月には、かまぼこやつけ揚げ（さつま揚げ）と一緒に彩りよく盛られます。現在はかまぼこ屋で購入することも多くなりましたが、昔は卵が貴重品で、ハレの日に家庭でつくるごちそうでした。正月が近くなると囲炉裏端で、四角い赤がねのこが焼き鍋を使って弱火でじわじわ焼いたそうです。

こが焼きは地域によって材料や配合が違い、東シナ海や太平洋に面する薩摩半島や大隅半島では白身魚が入る地域が多く、海から遠い北薩摩ではじゃがいもなどが入ります。豆腐と砂糖を大量に使うのは県中西部のいちき串木野市羽島地区で、砂糖の多さは財力の象徴でした。今も旧暦2月4日に豊作と豊漁を祈って催される羽島《はしま》崎《ざき》神社の太郎《たろ》太郎《たろ》祭りには、数えで5歳の男子のいる家では祝いに百人以上のこが焼きを用意します。大量の豆腐や魚をする力仕事には男手を、焼くのは隣近所の女性の手を借りてと、こが焼きづくりは地域で受け継がれています。

協力＝久木山睦男、中村淳一
著作委員＝木之下道子

＜材料＞ 27×27×7cmのこが焼き鍋1個分

卵…10個
- 白身魚(エソ、キス、タイなど）の身…100g
- 塩…大さじ1

豆腐…11丁（4.4kg）
砂糖…800g
灰持酒《あくもちざけ》*…大さじ3
醤油…4/5カップ（160mℓ）
油…適量

*濃厚な甘みとうま味がある、みりんにも似た鹿児島の伝統的な酒。木灰を用いて保存性をもたせているので、灰持酒といわれる。

＜つくり方＞

1 白身魚の身に塩を加えてよくする。
2 かたくしぼった豆腐をすりつぶし、1に加えてさらによくする（写真①）。
3 卵を割りほぐし、少しずつ加えてすりのばす（写真②、③）。卵を入れすぎるとすり身が逃げるので少しずつ入れ、卵とすり身が混ざってから次の卵を入れる。
4 砂糖を数回に分けて加え、そのつどよくすり混ぜる（写真、④）。
5 灰持酒を入れてよくすり（写真⑤）、醤油も入れてよくすり混ぜる。
6 こがやき鍋の中を油でふき、5をすくい入れ、縁を軽くたたいて中の空気を出し表面をへらできれいにならす（写真⑥）。
7 蓋をしてごく弱火にかける。焦げないように火の調整をしながら焼く。ふくらんできたら（写真⑦）、竹串を刺し中が焼けているかを確認する。竹串に生地がついてきたらまだ焼けていない。そのときは火からおろし、冷ましては焼くを繰り返す。中まで火が通ったら蓋の上に消し炭をのせ（写真⑧）、表面にきれいな焼き色がつくまで焼く（写真⑨）。

①

②

③

④

⑤

⑥

⑦

⑧

⑨

撮影／長野陽一

〈千葉県〉

ちっこ豆腐

乳製品をおかずにする習慣は珍しいですが、房総半島は「日本酪農発祥の地」といわれ、乳製品が身近でした。現在の南房総市から鴨川市にかけて、江戸時代には幕府が設置した嶺岡牧《みねおかまき》で牛馬が放牧され、享保13（1728）年には徳川吉宗が「白牛」を導入して牛乳からバターのような「白牛酪」を製造させました。明治以降も練乳製造業が安房地区で発祥するなど、酪農と縁が深い地域です。昔は近所の酪農家に一升瓶を持って牛乳を買いに行き、しぼりたてで温かい牛乳を抱えて帰ったそうです。

「ちっこ豆腐」は簡易なカッテージチーズのこと。酪農家の近所では栄養価の高い初乳が手に入るの*で、それを固めて、醤油と砂糖で味つけしてそぼろのようにして食べたのです。口の中にチーズの風味が広がり、コクのあるおかずとして親しまれました。「牛乳豆腐」「だいご」などとも呼ばれていたそうです。

＊子牛を産んでから5日以内の母牛が出す乳を初乳という。栄養成分が通常の牛乳とは大きく異なるので、法令で食品として搾乳できない。

協力＝熱田恵子

著作委員＝渡邊智子、梶谷節子

撮影／高木あつ子

＜材料＞ 仕上がり120g程度

- 牛の初乳…100mℓ（もしくは牛乳90mℓ＋スキムミルク90mℓ）*
- 酢（またはレモンのしぼり汁）…大さじ2**

- 醤油…大さじ2/3
- 砂糖…大さじ1
- ちっこ豆腐をつくったときに分離した汁…大さじ2

*初乳はたんぱく質が多いので仕上がり量が多い。牛乳に同容量のスキムミルクを加えると初乳に近い仕上がり量に増やせる。

**地元では初乳または牛乳と酢の割合、加熱時間、しぼり方の程度は、つくり手により異なる。

＜つくり方＞

1 鍋に乳を入れて熱し、90℃くらいになったら酢を加えて手早く混ぜる。最初から酢を加え、かき混ぜながら加熱してもよい。塊が上に浮かんできたら火を止め放置する。塊と液体に分離したら、塊をぬれ布巾で包み、好みのかたさにしぼる（写真①）。

2 すべての材料を鍋に入れ、しゃもじなどでほぐしながら、さっと温める。

◎好みでみじん切りにした長ねぎや玉ねぎを加えてもよい。

牛乳豆腐

〈神奈川県〉

撮影／五十嵐公

県北西部にある旧津久井郡は東京都と山梨県に隣接している山間部で、田んぼがほとんどない畑作地域です。養蚕と林業を中心に、米は陸稲が少しと大麦や小麦、雑穀や豆、野菜を自家用に栽培していたこの地域で、昭和30年代後半から増えたのが牛を飼って乳を搾る酪農です。農家の収入は増え「牛1頭いれば子どもを大学に行かせられる」というほどでした。

出産したばかりの牛の乳（初乳）はたんぱく質が多いなど、一般の牛乳と成分が異なるため出荷できません。子牛に飲ませても余った乳は酪農家が自家用に利用したり、近所に分けたりして牛乳豆腐（初乳豆腐）をつくりました。

和食に乳製品のおかずは少ないですが、牛乳豆腐を砂糖と醤油で煮るとコクが出てご飯にも合います。津久井では夕食は、たいていうどんを打ち野菜と煮るにごみ（煮こみうどん）でした。肉や魚は手に入れにくく牛乳は貴重なたんぱく質源。近所の酪農家から初乳をもらうとうれしかったそうです。

協力＝大神田貞子、大神田澄子
著作委員＝櫻井美代子

＜材料＞ 4人分

牛乳…1ℓ
酢…1/4カップ
砂糖…大さじ2
醤油…大さじ2

＜つくり方＞

1 牛乳を鍋に入れて弱火にかけ、沸騰直前まで温める。沸騰させると膜ができ、牛乳臭が強くなる。
2 火からおろして酢を加え、酢が全体になじむようにへらでゆっくり混ぜる。
3 塊ができてきたら、さらし布を敷いたザルでこし、さらし布で包んで軽く重しをして水をきる。
4 適当な大きさに切り、砂糖と醤油で煮る。煮ないでかつお節と醤油で食べてもよい（写真①）。

①

昆虫は動物性たんぱく質のひとつ

虫をとる・食べる楽しみ

昆虫食の習慣は、昔から日本各地にありました。
人びとが虫を食べるのは、そのおいしさはもちろん、
つかまえる楽しみがあるからです。

写真／五十嵐公　写真提供・協力／野中健一

愛知県でクロスズメバチの巣をとる村松力夫さん(右)と片桐哲さん。働き蜂に目印をつけ、巣を探し当てたら、煙幕をたく。蜂が煙で麻痺している間に地中の巣を掘り出す

おとりに集まった蜂にこよりのついた肉団子を持たせて目印にする

何段もの層になった巣。白い部分に詰まった幼虫をとって食べる

秋の田んぼにはイナゴが、野山には蜂の子の詰まった巣があり、薪をとるために山で木を伐ると中からカミキリムシの幼虫が出てきます。日本では昔からこうした虫を調理し、おかずやお茶うけにして食べてきました。養蚕がさかんな地域では、絹糸をとったあとの蚕のサナギを食べることもありました。昆虫食は人びとの暮らしや生業と結びついていたのです。

近年は、里山の開発や田畑の減少で虫が減ったこと、食生活の変化で食べる機会も少なくなりました。ただ、今もイナゴや蚕のサナギ、蜂の子の佃煮が販売されたり、また自分で虫をとって食べたりする地域があります。こうした食文化が引き継がれているのは、単にたんぱく質の補給のためだけではないでしょう。食べものが豊富にある現代でも虫をとり食べるのは、それが楽しみでもあるからです。日本には何万種類もの虫がいますが、食べるのは身近で手に入り、なおかつおいしいといわれる虫です。虫をとる人に話を聞くと、イナゴをどうやってとるか、蜂の巣はどうやって見つけるかなど身ぶり手ぶりを交えて熱心に話してくれます。食べるまでには手間や時間がかかりますが、とる行為そのものも楽しく、苦労したからこそ、その味もまた格別なのです。

日本で食べられてきた虫

セミ

羽化する前、地中から出たばかりのものを食べることが多い。焼いた成虫をおやつとして食べていた地域もある。

カミキリムシの幼虫

木の幹の中に生息する体長4～9㎝の虫。近年はあまり見かけないが、昔は薪炭用の木を伐り出す際に出てくる身近な存在だった。

蚕のサナギ

日本各地の養蚕産地で、カイコガの繭から絹糸をとったあとのサナギが食べられてきた。製糸工場の減少により、食べる習慣も減りつつある。

クロスズメバチ

日本の食用スズメバチの中で最もポピュラーな蜂。日本各地の里山に多く生息している。「ヘボ」「スガレ」「ヂバチ」などと呼ばれる。

イナゴ

全国の水田に生息。稲につく害虫であると同時に、食べる人にとっては恵みの虫でもある。今も東北地方や中部地方では佃煮がよく食べられている。

〈愛知県〉

へぼの佃煮

へぼとは蜂の子、クロスズメバチなどの幼虫のことです。かつては山里の貴重なたんぱく質源でしたが、岐阜、長野の県境に近い山深い津具《つぐ》では、今も時期になると山にとりに行きます。このへぼとりには心躍る特別な魅力があり、巣を見つけること、調理して知り合いに配ることが楽しく、大の大人が喜び勇んで出かけます。

へぼとりは盆明けから11月末までで、津具では「へいとり」といいます。なかには毎年5～6回行き、3キロを超える大きな巣をとる人もいるそうです。帰宅後はへぼを巣から1匹ずつピンセットでとり出す作業が深夜まで続きます。

巣の中には幼虫、成虫に近いもの、羽や足が生えてきたものといろいろな成長段階の蜂がいて、味や歯触りが違います。夏は働き蜂（メス蜂）が多く、秋の終わりはオス蜂が増えるなど季節で雌雄の比率も変わり、味にも影響します。へぼの収穫量はその年の天気で左右され、雨が続くと山の上のほうに巣をつくるので追いかけるのが大変になるそうです。

協力＝村松力夫、片桐哲、村松秀子
著作委員＝野田雅子

撮影／五十嵐公

＜材料＞

クロスズメバチの巣
…1～2kg（へぼ約300g）
醤油…3/4～1カップ
砂糖…大さじ2～3
みりん…小さじ2（なくてもよい）
◎オス蜂の場合はへぼ自体が甘いので砂糖の量を控える。

へぼの佃煮を炊きこんだへぼ飯

＜つくり方＞

1 収穫した巣からピンセットで、巣房の蓋をはがしながら幼虫をとり出す（写真①）。羽や足が生えていたら、へぼを目の細かい網の上にのせ、火であぶって焼ききる。ついたままだと、羽や足が口に残る感じになる。

2 鍋に1を入れ、調味料を入れて火にかけ、10～15分かけて煮つめる。水はへぼから自然に出てくるので入れない。酒も入れると苦くなるので入れない。

◎密閉袋に入れて冷凍すると保存できる。

◎佃煮は酒のつまみやお茶漬けの具にする。ご飯に炊きこんだり、炊き立てのご飯に混ぜると、へぼ飯、はち飯になる。

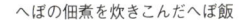

〈宮城県〉

イナゴの佃煮

かつて、宮城県の稲作地帯では、田んぼにいるイナゴは貴重な栄養源でした。稲刈りの時期になると田んぼも乾くので、朝夕の涼しさで動きが鈍くなったイナゴをねらい、田んぼでつかまえては佃煮にします。大人たちは稲刈りで忙しかったので、イナゴとりは子どもやおばあさんたちの仕事。県北部の旧・古川市をはじめ県内各地の学校では、学用品の購入費用にあてるため、イナゴとり大会が催されたこともありました。

イナゴとりには、竹筒をつけた木綿の袋を使います。手ぬぐいを二つに折り両脇を縫って袋にし、袋の口に筒を差しこみます。とったイナゴは筒から袋に入れておくと逃げ出せないのです。

佃煮にするときに後ろ足をはずすのは、ざらつきが舌に残らないようにするためです。しっかり炒っておくとパリパリした食感が楽しめます。農薬のためにイナゴが激減した時代もありましたが、今は佃煮にできるぐらいとれるようになり、お茶うけやおかずとして喜ばれる一品です。

協力＝赤坂あさの、佐藤ケイ子、佐藤恵子
著作委員＝和泉眞喜子、野田奈津実

撮影／高木あつ子

<材料>

生きたイナゴ*…500g
ざらめ…150〜200g
醤油…3/4カップ弱（140mℓ）

*イナゴは布袋にとって、出さずにそのままおいておく。

<つくり方>

1 イナゴはつかまえた布袋ごと一晩おき、糞を出させる。
2 袋ごと熱湯に入れて5〜6分ゆでる。
3 袋からイナゴをとり出し、羽と足先のギザギザした部分をもぎとる。
4 イナゴを鍋に入れ、カラカラになるまで弱火でよく炒る。新聞紙の上に広げて天日で1日乾燥させてもよい。
5 **4**にざらめ、醤油を加えて煮つめる。完全に汁けがなくなる手前で火を止め、そのままおいてじっくり味をしみこませる。

イナゴ。田んぼのそばのあぜ道などでよくとれる

イナゴとりのための袋

撮影／高木あつ子

＜材料＞ 4人分

蜂の子…40g
なす…中2本（200g）
油…大さじ1
酒…大さじ2
砂糖…大さじ2
醤油…大さじ1と1/2

＜つくり方＞

1 なすは2〜3㎜厚さの輪切りや半月切りにし、水にさらす。
2 中火で熱したフライパンに油を入れ、蜂の子が色づくまで炒め、なすを加える。
3 酒と砂糖を加えてなすがしんなりするまで炒め、醤油を入れて煮つめる。このまま食べても、好みでおろししょうがをのせてもよい。

◎アシナガバチ、キイロスズメバチ、クロスズメバチの蜂の子はそのまま料理する。クマバチ（オオスズメバチ）はゆでてから楊枝で黒い内臓をとり除くと、腹の中のザラザラしたものが除かれ、口当たりがよい。

アシナガバチ（左）とキイロスズメバチ（右）の蜂の子。幼虫、蛹、羽化した蜂が混ざっている

〈宮崎県〉 蜂の子のなす炒め

宮崎県では、蜂の子は県北の山間部だけではなく、日南《にちなん》市や児湯《こゆ》郡など海岸寄りの地域でも食べられています。蜂の種類は、アシナガバチ、キイロスズメバチ、クロスズメバチ、そして宮崎ではクマバチと呼ぶオオスズメバチ。地上に巣をつくるキイロスズメバチは、動きが鈍い月明かりのない闇夜をねらってとりに行きます。獰猛なオオスズメバチも薄暗くなってから松明《たいまつ》の光で蜂を引き寄せ、炎で焼き殺して地中の巣を掘り出します。

蜂の子をなすと炒めるのは県北の五《ご》ヶ《か》瀬《せ》町《ちょう》や日向《ひゅうが》市など。淡白ななすに蜂の子のうまみがしみこみます。ねぎやはすがらと炒めてもおいしいおかずになります。諸塚《もろづか》村や日《ひ》之《の》影《かげ》町には蜂の子そうめんがあります。蜂の子を油で炒め、湯を入れてスープをつくり、そうめんを入れ塩や醤油で味を調えます。濃厚な風味で、正月など寄り合いにふるまいます。このほか、蜂の子の濃厚なうま味を利用して甘く煮つける佃煮にしたり、から炒りして塩こしょうで酒のつまみにしたりします。

協力＝田中洋子、興梠スマ子、藤本輝子、矢越ミノリ　著作委員＝長野宏子、篠原久枝

豆腐とおからの料理

ゆでたり煮たりしてかたくなった豆腐は食べごたえもボリュームも十分。湯豆腐や冷や奴で食べる豆腐のイメージとはかなり異なります。豆腐を加工したがんもどきや凍り豆腐なども、副産物であるおからも、煮物や和え物、すしにしてたっぷり食べてきました。

〈福島県〉

つと豆腐

その昔、わらづとに入れた豆腐を運ぶ際、たまたまそれを煮てしまったことからつと豆腐ができた、といわれます。山間地域の会津では、保存のきく食材を上手に使って食卓を彩ってきました。つと豆腐もその一つで、生鮮食品である豆腐を煮ることで日持ちもし、かたくなり持ち運びに便利な上、煮くずれしにくくなります。スが入るので味がしみこみやすくなり、弾力のある食感も加わり、食べごたえのある食材になります。煮しめに入れたり、刺身にしてぜいたくな酒の肴としても食されました。この場合は半丁の豆腐を3cmくらいの太さに巻いてつくります。

つと豆腐は、冠婚葬祭などの行事に必ずつくられる西会津町の「こづゆ」や田島町の「つゆじ（つゆ煮染め）」の材料の一つであり、西会津町では、1丁の豆腐を八つに切って1cmくらいの細さにつくります。豆腐屋で買っていましたが、製造されなくなったのでまた手づくりするようになった、という人もいます。

協力＝岩原祐子、小柴百合子、岩原祐美、物永葉子、齋藤紀子　著作委員＝會田久仁子

撮影／長野陽一

＜材料＞ 3cm太さ2本分

豆腐…1丁（350g）

巻きす2枚

＜つくり方＞

1. 豆腐は長辺に沿って半分に切る。
2. 水に浸して湿らせた巻きすで**1**を包んで巻く（写真①）。巻きすの両端を輪ゴムでとめる。これを2本つくる。
3. 沸騰したたっぷりの湯に、**2**を入れて30分ゆでる。
4. 引き上げたらすぐに冷水にとり、粗熱をとる。
5. 巻きすから豆腐をとり出し（写真②）、切り分ける。そのままつと豆腐の刺身として食べてもよいし、煮しめに入れてもよい。刺身には、好みでわさび、しょうがを添える。

◎刺身で食べるときは、好みで塩少々を入れた湯でゆでてもよい。

①

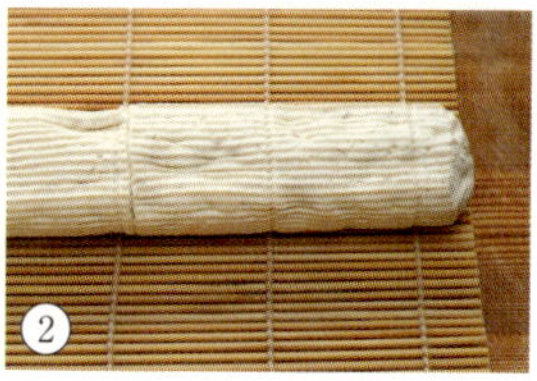

②

〈茨城県〉

つと豆腐

豆腐をわらづとで包むのでつと豆腐といい、茨城町の冠婚葬祭の料理です。根菜類の煮しめとともに盛りつけ、もてなし料理のメインとして供されました。とくに、通夜のふるまいや忌中《きちゅう》料理には欠かせません。近所で不幸があると、隣組の年長の女性たちが集まってつくったものでした。正月のおせち用には各家でつくります。12月28日か30日のもちつきの際、もち米を蒸らすときの大きな湯釜で豆腐をゆでたそうです。そのほか、お盆などの親戚が集まる際にもつくられました。

ゆでた豆腐は水分が抜けていて味が凝縮しています。小さな穴が多数あいており、肌目がデコボコしているので調味料がしみやすくなっています。このデコボコができるのは、わらで包むからこそ。食べると稲わらの香りも感じられ、滋味深い味わいです。

昔は、おかずは野菜や納豆が中心で、豆腐は庶民には高価な食材でした。その豆腐をさらに手間をかけたのがつと豆腐で、大変なごちそうだったのです。

協力＝東ヶ崎婦美子　著作委員＝石島恵美子

＜材料＞ 3本分

豆腐…3丁
塩…大さじ1
醤油…1/4カップ
みりん…1/4カップ
砂糖…1/4カップ
昆布…10cm

稲わら ひとつかみ(つと豆腐1本分)

＜つくり方＞

1 たっぷりの沸騰した湯の中に塩と豆腐を入れ、20分くらいぐらぐらとゆでる(写真①)。
2 熱湯消毒したわらの両端をひもでしばって「わらづと」をつくる。真ん中で折り曲げて豆腐を詰めやすくする(写真②、③)。
3 ゆで上がった豆腐を1丁ずつ手ザルであげ、わらづとの中に粗くくずしながら詰める(写真④、⑤)。
4 ひもで3をきつくしばりながら、水けをきる(写真⑥)。
5 4を水でさらして、粗熱がとれ、水がよくきれるまでたらいなどに立てて半日から1日おく(写真⑦)。わらの向きは、穂がついていた方を下にすると水の出がよい。
6 わらづとから豆腐をとり出し、付着しているわらをとり除き(写真⑧)、水で洗い流す(写真⑨)。
7 鍋に調味料と昆布を入れて沸騰したら、6を入れる。味がしみるように、竹串や菜箸で刺しながら10分ほど煮る(写真⑩)。

撮影／五十嵐公

〈岐阜県〉こも豆腐の煮物

撮影／長野陽一

<材料> 4人分

豆腐…1丁（300〜400g）
だし汁（昆布と煮干しなど）
　…2と1/4カップ（450mℓ）
うす口醤油…大さじ1
みりん…大さじ1

巻きす2枚

<つくり方>

1 豆腐を軽く水きりし、縦4つに切る。
2 1を2本ずつ、巻きすで巻き、たっぷりの湯で1時間ほどゆで、スができたらとり出して巻きすからはずす。
3 2を調味料を加えただし汁で30〜40分煮る。だし汁の昆布もあれば、そのまま敷いておく。
4 食べる直前まで煮汁につけておき、好みの厚さ（1.5cm程度）に切り、盛りつける。

「こも」とは本来、わらなどを編んだむしろ状のもので、こもで巻いた豆腐をゆでたのがこも豆腐です。もともとは自家製の豆腐のくずものを集めて巻いたところから始まった料理ですが、最近では豆腐を巻きすで巻いて手づくりしたり、市販のこも豆腐で煮物をつくる家庭が増えています。

　しっかりゆでてスが立った豆腐をさらに煮るので、形くずれせず、だし汁がしみこんで、食べるとじわっと口に広がります。薄味で色も薄く上品に仕上げ、単品で煮ることがほとんどですが、ふきやわらびを添えることもあります。

　飛騨地域では、仏事や祭りや祝いごとなど人が集まって食事をするときには、こも豆腐をふるまうことが多く、この地域を代表するおもてなしの料理になりました。昔は行事の次の日に、余ったこも豆腐を囲炉裏で焼いて食べるのも楽しみだったそうです。厳冬の山間地であるため、さまざまな保存食の知恵が受け継がれており、そのままでは傷みやすい豆腐も、こも豆腐の他、焼き豆腐や凍み豆腐などにして保存性を高める工夫がみられます。

協力＝水口裕子
著作委員＝長屋郁子

〈和歌山県〉

しめ豆腐

大阪府との県境にある紀の川市では、稲わらで巻いて煮たしめ豆腐がおせち料理の一品です。白い豆腐とにんじんの紅白が正月にふさわしく、一年を引き締めて暮らせるようにと、どこの家でもつくったものでした。しかし、わらが入手しにくくなり手間もかかるので、つくる家が少なくなっていました。

懐かしい味をもう一度と、地元の人たちが復活させたのがこのしめ豆腐です。秋に刈った稲わらをきれいに掃除し、豆腐用に12月まで大事に保管して使います。巻きすでしめると、稲わら独特の香りや色が豆腐につかないのです。昔は粘りけがあり切れにくいので、もち米のわらを使っていました。

保存性を高める意味もあり、砂糖がこのレシピの5倍ほど入る、濃く甘辛いものが昔の味だったそうです。今は甘めの薄味に仕上がるようにしていますが、煮つける前の味のついていない豆腐も好まれ、味噌やポン酢醤油をつけると大豆の味がしっかり感じられておいしくいただけます。

協力＝隅谷智恵美、冨松君枝
著作委員＝川島明子

撮影／高木あつ子

＜材料＞ 4本分

豆腐*…800g
にんじん…1本（150g）
┌水…豆腐が浸るくらい
└塩…小さじ1
だし汁…3カップ
砂糖…50g
塩…小さじ1/2
みりん…大さじ1

稲わら　しめ豆腐1本につき100〜120本

*できるだけかためのしっかりしたものを選ぶ。

＜つくり方＞

1 豆腐は縦4等分にする（1本200g見当）。
2 にんじんは豆腐と同じ長さの5㎜角の拍子木切りにし、かためにゆでる。
3 稲わらのハカマをきれいにとり除き、長さをそろえる。
4 豆腐の半分まで切り目を入れ、中心ににんじんをはさむ。
5 稲わら約50本を手のひらにのせ、その上に豆腐をのせる。豆腐の切り目にわらが入らないよう、しっかり押さえながら残りのわらをかぶせて包み込み（写真①）、ぬらした稲わらで真ん中、両端の3カ所を巻いて結ぶ。
6 鍋に分量の水と塩を煮立て、5の豆腐を入れ、落とし蓋をして弱火で静かに20分ゆでる。このときにわらの香りと色がほのかにつき、豆腐がしまる。煮立てながらゆでるとスが入るので注意する。
7 熱いうちに引き上げて粗熱をとり、稲わらを丁寧にはずす。このまま切って練り味噌や醤油、ポン酢醤油で食べてもよい。
8 だし汁と調味料で10〜20分煮たらそのまま一晩おき、翌日また火を通す。斜めに切ると切り口が紅白できれいに見える。

◎稲わらが手に入らない場合は巻きすを使う。

〈鳥取県〉

こも豆腐

稲わらをこも（むしろ）のようにして豆腐を包むのでこも豆腐と呼ばれます。倉吉市北谷《きただに》地区に昔から伝わる行事食で、つくられ始めたのは約100年前といわれています。祭りや正月、盆、法事や「なんぞごと（大勢のお客を迎えるとき）」に出されるさはち盛り（大皿盛り）の一品です。

昔はごちそうといえば豆腐で、田んぼのあぜで育てた大豆、あぜ豆を使って集落にある豆腐小屋でつくることもありました。こも豆腐にはさむ具はにんじんとごぼうが定番ですが、ほうれん草やさやえんどうなどを彩りとして使うこともあります。巻きつけたわらの風味や香りが豆腐にうつり、おいしさを引き立てます。

炊事をする人が変わり、今はほとんどつくられなくなっていますが、80歳以上のお年寄りのいる家では、年3～4回つくります。わらは細くて長くやわらかいもち米のわらが使いやすく、いつでもこも豆腐をつくれるよう、秋に刈ったわらを保存しておく人もいます。

協力＝野嶋寿枝、金居映子
著作委員＝松島文子、板倉一枝

＜材料＞ 2本分

豆腐*…1丁（400g）
にんじん…1本
ごぼう…1本

A
- だし汁（かつお節）…1カップ
- 砂糖…小さじ2
- うす口醤油…大さじ1

B
- だし汁（かつお節）…1カップ
- 砂糖…小さじ1
- うす口醤油…大さじ1

ゆず…2個

わら（できればもち米のわら）ふたにぎり、ナイロンひも

*豆腐はかためのものを使う。水分が多い場合はしっかり水切りしておく。

こも豆腐の材料。鳥取で市販されている豆腐は1丁が大きく、かためのものが多い

＜つくり方＞

1 にんじん、ごぼうは縦に細長く切る。Aでごぼうを煮て、八分《ぶ》通りやわらかくなったら、にんじんを加えて煮る。

2 豆腐は重しをし、重さが元の重さの9割程度になるまで水をきり、4つ切りにする。

3 わらのはかま等をとり除いてきれいにし、35cmほどの長さに切る。一方の端をナイロンひもで縛り、わらを広げて、豆腐を縦に2本並べて入れる。このとき、豆腐の接着面に塩（分量外）を少々つけておくとくっつきがよくなる（写真①）。

4 縦に切れ目を入れ、そこに1のにんじんとごぼうをはさみ入れる（写真②）。

5 豆腐の接着面に塩をつけ、指で少しくずしながら具を豆腐でおおう（写真③）。

6 豆腐全体をわらでおおい、わらが均等になるように包む。全体をナイロンひも（またはわら）でしっかりくくる（写真④）。

7 たっぷりの湯で15分くらいゆでる（または蒸す）。浮いてくるので重しをした蓋をのせておくとよい（写真⑤）。

8 ひもをほどき、わらの筋が残るようわらをゆっくりとり除き（写真⑥）、鍋に豆腐とBを入れて味を含ませるように煮る。

9 斜め切りにして器に盛る。わさび醤油やゆずなどの果汁を入れた醤油をつけて食べる。

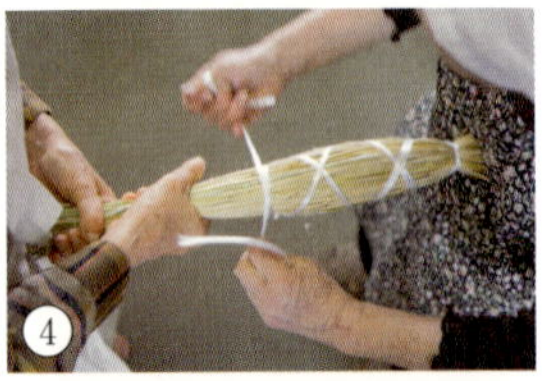

撮影／五十嵐公

〈群馬県〉

鉱泉豆腐

県南西部の安中市にある磯部温泉の温泉水（鉱泉）を使う湯豆腐です。鉱泉で豆腐を煮るとプルプルとしたやさしい食感になります。これは鉱泉の成分が豆腐に作用するからです（下の囲み参照）。

群馬県では大麦の作入れ（間作《かんさく》）として大豆を栽培する農家が多く、よく家庭で豆腐がつくられていました。魚のとれない海なし県にとって豆腐は大事なたんぱく質源です。豆腐と地元で豊富に湧く鉱泉とで簡単につくれるため、よく食べられてきました。生の鉱泉を口に含むと塩辛く口当たりが悪いのですが、加熱すると豆腐にやわらかい塩味がしみこみ、つけだれがなくてもそのまま食べられます。

地元の人たちは容器を持って鉱泉湧水箇所に汲みに行きます。糖尿病、痛風、胃腸病に効果があるといわれているのでそのまま飲んだり、重曹の代わりに焼きもちやふかしまんじゅうに使ったり、小麦粉を鉱泉でゆるく溶いて鉄鍋の底で焼き、砂糖醤油で食べるじり焼きをつくったりと、今も鉱泉は日常的に利用されています。

協力＝高岸裕代　著作委員＝神戸美恵子

撮影／高木あつ子

＜材料＞ 4人分

豆腐…大1丁
昆布…10㎝程度
鉱泉…適量

＜つくり方＞

1 豆腐は食べやすい大きさに切る。
2 土鍋に昆布を敷き、豆腐が浸る程度の鉱泉を入れる。
3 昆布の上に豆腐をのせ、火にかける。
4 湯気が立ち、豆腐が揺れてきたら、沸騰前に弱火にして4〜5分煮て火を止める。

◎そのままでもほんのり塩味だが、好みでたれやポン酢醤油、七味やしょうがを添える。

◎磯部鉱泉は飲用できるので、食べ終わった後にゆで汁を飲んだり、ご飯を入れ粥にしてもおいしい。

◎鉱泉が手に入らない場合は、水2.5カップに重曹小さじ1（4g）、塩小さじ1弱（5g）を入れて代用する。

鉱泉で豆腐がやわらかくなる理由

磯部温泉の泉質は「塩泉（塩化物・炭酸水素塩強塩泉）」といって食塩と重曹の成分を含んでいて、この2つの働きで豆腐がやわらかくなります。

①豆腐は、豆乳のたんぱく質をにがりなどの凝固剤で固めたものです。お湯で煮るとたんぱく質はさらに固まってそのすき間がスになりますが、0.5〜1%の食塩水で煮ると凝固剤のマグネシウムやカルシウムの一部が食塩のナトリウムと入れ替わり、スが入りにくくなります。

②アルカリ性である重曹の働きによりたんぱく質の立体構造がゆるみ、やわらかくなめらかになります。

〈東京都〉

豆腐のおかか煮

撮影／長野陽一

＜材料＞ 4人分

豆腐…1丁（350g）
- 水…適量
- 塩…水の1.2％重量

水…1/2カップ
醤油…大さじ1/2
砂糖…大さじ1/2
かつお節…4〜5g
◎常備菜にする場合は焼き豆腐でつくるとよい。

＜つくり方＞

1 豆腐を2つに切り、しっかりかぶるくらいの水に塩を入れて30分ほどぐらぐらゆで、スが入った状態に煮固める。ザルにあげ、冷めてから大きめのひと口大に切る。
2 鍋に分量の水と調味料を入れ、かつお節の半量を手でもんで粉にして加えて煮立たせ、豆腐を入れ、落とし蓋をして中火で水分がなくなるまで煮含める。火を止めてから時間がたち水分が出てきたら、もう一度煮つめる。
3 残りのかつお節をまぶして盛りつける。

煮汁におかか（かつお節）を加え、煮上がってからもおかかをまぶした豆腐の煮物です。豆腐の煮すぎは禁物といいますが、スが入るまでしっかりゆでて（煮抜いて）から調味料で煮ると豆腐がかたくしまり、豆腐を直接煮汁で煮たものとは全然違った食べごたえと味わいになります。江戸時代に書かれた『豆腐百珍』にも「煮抜き豆腐」として同じような調理法が掲載されています。

東京の中野で育った人の話では、おかか煮は子どもの頃から食べていて、嫁ぎ先でも姑がよくつくったそうです。ぐらぐらと煮立つ湯で30分ほどゆでてから煮ると保存のきく常備菜になります。おせちに入れるときは焼き豆腐を使い、濃いめに味をつけました。

豆腐は安くて手に入りやすく、たんぱく質源としても重要だったのでよく食卓にのぼり、煮抜かずにおかかと調味料で煮て温かいうちに食べたりもしたそうです。お年寄りのおかずや、調味料を加減すれば子どもの離乳食にもなりました。

協力＝飯塚美和子　著作委員＝伊藤美穂

〈新潟県〉

寄せ豆腐

かための寒天寄せの中に、しっかりした食感の豆腐が入っています。甘い味つけで、県北の村上地域ではお茶請けや箸休めとして日常的に食べられている身近な料理です。昔は豆腐のカステラとも呼ばれて親しまれていました。海岸沿いではテングサがよくとれて寒天がつくられていたことと、田んぼの畔で大豆を育て豆腐をつくっていたことから、二つが結びついた料理となっています。

豆腐を細かく崩すのは、人が集まったときにとり分けて食べる際、皆に豆腐が行きわたるようにする配慮です。醤油を少し加えることで香りと甘みを引きたたせますが、色が黒ずむため味は塩で調えます。酒やみりんは仕上がりの色、艶をよくするためです。加えないこともあります。

基本のレシピにクルミを入れたものや、にんじん、椎茸、ひじきなどの煮物を入れて甘さを抑えたものなど、地域や家庭によってバリエーションがあります。佐渡地域には抹茶を入れたものもあります。

協力＝本間キト、本間久一、ゆりの会企業組合　著作委員＝玉木有子、伊藤直子

撮影／高木あつ子

＜材料＞ 900g分
(15×15×3.5cmの流し箱1個分)

豆腐…450g
角寒天（棒寒天）*…1本（8g）
水（または昆布だし汁）…2カップ
砂糖…150g
醤油…大さじ1と2/3
酒…小さじ1
みりん…小さじ2
食塩…少々（必要に応じて）

*粉寒天の場合は、角寒天の半量でよい。水またはだし汁に直接加え水を十分に吸わせてから煮溶かして使う。

＜つくり方＞

1 ちぎった寒天はよくもみ洗いして、水に30分程度つける。
2 豆腐は水洗いし、適度に崩してから鍋に入れ、ひたひた程度まで水を加えて加熱する。沸騰したら火を止め、ザルにあけて水をきる。
3 **1**の寒天をかたくしぼり、分量の水を加え火にかける。沸騰したら弱火にし、汁が透き通るまで攪拌しながら完全に煮溶かす。アクが浮いたらすくいとる。
4 **3**に**2**の豆腐と調味料を加え、2～3分煮て火を止める。
5 水でぬらした流し箱に流し入れて冷ます。粗熱がとれたら冷蔵庫に入れるか、氷水で冷やし固める。常温（25～35℃）でも固まるが、冷やしたほうが固まりやすい。
6 流し箱から出して、食べやすいサイズに切り分け、皿に盛る。

◎砂糖は寒天の溶解を妨げる作用があるため、寒天が完全に煮溶けてから砂糖を加える。

◎3で寒天を煮溶かした後、裏ごしをすると口当たりがよくなる。

◎流し箱に流し入れる前に重さを量り、900gより少なかったら水またはだし汁を加えて調整すると、ちょうどよいかたさになる。

◎豆腐の質によって寒天液に豆腐が浮いてしまうことがある。この場合、粗熱がとれるまで鍋で攪拌しながら冷まして（40～45℃）から型に流すと、均一に豆腐が分散して固まる。

ひじきやにんじんなどを入れた寄せ豆腐

〈石川県〉

こくしょ

　ずっしり、ぎっしりと詰まった食べごたえのある堅《かた》豆腐が主役の煮物です。浄土真宗の祖である親鸞聖人の法要「報恩講《ほうおんこう》」には欠かせない料理で、「穀しょ」とも書き五穀豊穣に感謝するものです。

　山深い白山麓《はくさんろく》では焼畑で小麦、大麦、ひえ、粟、豆、芋などを栽培していました。冬は雪に閉ざされてしまうので、おもなたんぱく質源は手づくりの豆腐でした。栄養分の濃い豆腐で、にがりを多く使い、重しもきつくかけるので、縄で結わえてぶら下げて持ち歩くことができるほどかたいのです。1丁が700g以上もあるため、一度には食べきらず、生で食べたり汁物や煮物、田楽などにして食べました。そのため、なるべく日持ちがするように、傷みにくい冬につくられました。おからも、おかゆに入れて無駄なく食べたそうです。

　今では豆腐店で買うことが多くなりましたが、店によって大豆の質、にがりの量、1丁の大きさなどに違いがあり、どの家も堅豆腐にはこだわりがあるので、どこで買うかは決まっているといいます。

著作委員＝川村昭子、中村喜代美、新澤祥恵

撮影／長野陽一

＜材料＞ 4人分

堅豆腐*…1/2丁（360g）
里芋…4個（200〜240g）
にんじん…1本（160g）
れんこん…1/2節（100g）
干し椎茸…4枚
こんにゃく…1/2枚（120g）
┌ だし汁**…4カップ
│ 醤油…大さじ3
│ 塩…小さじ1
│ 砂糖…大さじ3
└ 酒…大さじ3

*かたく、重く、食べごたえのある豆腐。県内では白山麓を中心につくられている。通信販売もされている。

**報恩講のときは昆布、その他日常や正月用には昆布とかつお節を用いる。

堅豆腐は縄でしばって持ち運べる

＜つくり方＞

1 豆腐は大きく切る。里芋は皮をむき1個を丸のまま使う。にんじんは長さ6cmの4〜6つ割り、れんこんは皮をむき厚めの半月切りにし、かために下ゆでをする。こんにゃくはゆでて厚めの短冊切りまたは手綱にする。干し椎茸は戻す。

2 豆腐以外の材料にだし汁（椎茸の戻し汁を加えてもよい）と調味料を加え、中火から弱火で煮る。

3 材料がやわらかくなる手前で1の豆腐を加え静かに煮る。材料に火が通ったら火を止め、煮汁をたっぷり残した状態でそのままおいて味をしみこませる。

4 煮物椀に彩りよく盛りつける。

豆腐田楽

〈愛知県〉

豆腐田楽は、江戸時代の料理本『豆腐百珍』に記されているほど、古くからある料理です。田植えや秋祭りに田の神に奉納した田楽舞姿(一本の竹馬の片方のようなもので踊る姿)が、豆腐を串に刺し味噌をつけた料理に似ているため、田楽と呼ばれるようになりました。

豊橋市では江戸時代より東海道吉田宿(現・豊橋市)の郷土料理となっており、今も家庭で日常的につくられています。その際一緒に食べるのは、大根葉を混ぜた菜飯。八丁味噌に砂糖とみりんを加えた濃厚な甘味噌だれと、さっぱりした菜飯は相性がいいのです。

昔は豆腐を田楽串に刺し、七輪を使って強火で水けが乾く程度に両面を焼いていました。しかし、この方法だと豆腐の水きり加減が難しく、豆腐がくずれてしまうことがありました。今はフッ素樹脂加工のフライパンを使うので失敗がありません。東三河地方は県内でも大豆栽培がさかんで、その加工品である豆腐を用いた豆腐田楽が今も受け継がれています。

協力＝芳賀厚子
著作委員＝松本貴志子、山内知子

撮影／五十嵐公

<材料> 4人分

豆腐…2丁
甘味噌だれ
- 八丁味噌(豆味噌)…80g
- みりん…30g
- 砂糖…40g
- 酒…45g

練り辛子…適量

田楽用の串8本

<つくり方>

1 豆腐は厚さを半分にし、長辺を4等分する。ペーパータオル(または布巾)でくるみ、上に皿などで重しをして約30分水けをきる。
2 鍋に甘味噌だれの材料を合わせ、木べらで混ぜながら中火にかけて煮立たせる。
3 豆腐に串を刺し、フライパンで軽く焦げ目がつく程度に両面を焼く。
4 豆腐が焼き上がったら、2の甘味噌だれをかけて、練り辛子をのせる。

◎甘味噌だれの上に、春には木の芽、冬にはゆずの皮をのせると季節感が出て香りも楽しめる。

豆腐田楽と菜飯。ゆでた大根葉をみじん切りにし、軽く炒ってご飯に混ぜる

〈山口県〉

つしま

撮影／高木あつ子

＜材料＞4人分

豆腐…1丁（400g）
小エビ（赤えび）…20g
にんじん…20g
ごぼう…20g
干し椎茸…中1枚
A
- だし汁（昆布とかつお節）…1/2カップ
- 塩…小さじ1/4
- みりん、酒…各大さじ1/2

甘酢
- 酢…大さじ4、砂糖…大さじ3
- 塩…小さじ1/3
- みりん…小さじ1、酒…小さじ2

しょうが…1/2かけ（10g）
さやえんどう…2〜3枚（10g）

＜つくり方＞

1 甘酢の材料を合わせて、ひと煮立ちさせる。冷めたら、3cm長さのせん切りにしたしょうがを漬ける。
2 豆腐は水けをきり、鍋に入れてくずしながら中強火で空炒りする。汁けが出てきたらザルにあげて水けをきり、再び鍋に戻して空炒りする。豆腐の角がとれて7〜8mmの大きさになり、水けがなくなるまでこれを繰り返す。
3 小エビはゆでて殻をむく。
4 ごぼうはささがきにし水にさらす。にんじん、戻した椎茸は3cmのせん切りにし、Aで煮て冷ます。
5 冷めた豆腐とエビと4を、1の甘酢としょうがで和える。
6 青みに、塩ゆでにしたさやえんどうを3cmのせん切りにしてちらす。

瀬戸内海に面する周南《しゅうなん》市の櫛ヶ浜地域に昔から伝わる料理です。法事や人が集まるときには、大鍋でつくっていました。彩りが美しく、甘酸っぱい炒り豆腐のようです。さっぱりとして冷やしてもおいしく、ご飯にかけて食べたりもします。

「つしま」の名は長崎の対馬藩に由来するといわれています。江戸時代、日本を訪れる数少ない外交使節団であった朝鮮通信使の対応窓口は朝鮮半島に近い対馬藩が担っていました。櫛ケ浜の漁師は通信使を下関から広島まで案内する役を任されていました。その際につくられた料理だったため、「つしま」といわれるようになったのではないかということです。

通信使は春から夏に訪れたので、夏場の保存法として炒り豆腐と五目の具を別々につくってしょうがを入れた甘酢に漬けこんだようです。生ものは使わず、すべて火を通すのが特徴です。小えびがとれるとつしまを「漬けた」（つくった）そうで、夏だけに限らず、一年中食べるようになりました。

協力＝三宅阿子、冨永貴子
著作委員＝園田純子

〈宮崎県〉

菜《な》豆《どう》腐《ふ》

豆腐の中に季節の菜を入れた豆腐で、1丁が大きくみっちりとして食べごたえがあります。菜豆腐が伝わる椎葉村は九州山地の中央に位置し、四方を山で囲まれた土地です。平地がない村では焼畑による農業が主で、1年目がソバ、2年目はヒエかアワ、3年目が小豆、4年目が大豆といった具合に輪作してきました。しかし収穫した大豆は味噌、醤油にも使われ、豆腐に回せるのはわずか。そこでやせた土地でも育つ平家かぶの葉と茎を入れることで、見た目も美しくしながら大豆を節約し、かぶ菜の苦みでにがりを節約しました。「野菜豆腐」「引き割れ」ともいわれ、できたてを手のひらにのせてちぎって食べることもあり、冬の寒さでうま味が増したかぶ菜を入れたものが、とくにおいしいそうです。

正月には串に刺した菜豆腐を壁にかけ、無病息災を祈願する家もありました。しかし、昭和40年頃からは家庭でつくらなくなり、今、村でつくれるのは90代の方などわずかです。

協力＝椎葉ミチヨ、清田アヤメ、清田泉、椎葉キク子、青木優花　著作委員＝篠原久枝

<材料> 700〜800gの豆腐10丁分

大豆（乾）…4升
水…大豆の2倍量
にがり…470mℓ
平家かぶ*の葉と茎…1.2kg

*おもに葉を食べる在来のかぶ。
◎ここでは一昨年の青大豆を使った。昨年の大豆なら3升でよい。
◎少量つくるときの目安は、大豆300g、にがり20mℓ、平家かぶ70g。

<つくり方>

1 大豆を一晩水につけ、爪でつぶせる程度のかたさになるまで戻す。
2 戻した大豆1に対して2倍量の水を加え、ミキサーですりつぶして生呉をつくる（写真①）。全部すりつぶすまで繰り返す。
3 大鍋に、生呉とほぼ同量の湯（分量外）を沸かしておき、生呉を入れてよく煮る（約30分）。表面が泡でおおわれてくるが、焦げないように大きなへらで鍋底からよく混ぜる（写真②）。呉が熱くなってきたら泡を寄せ、表面の湯気の立ち具合を見る（写真③）。湯気がどんどん出てきて、大豆の青臭さが抜け甘い香りとなったら、しぼりに入る。
4 こし袋に3の呉を入れ（写真④）、のし棒で袋の口をしめて、熱いうちにしぼる（写真⑤）。全部しぼり終わったらもう一度、目の細かい布でこす。しぼった豆乳はさらっとしている。
5 豆乳を大鍋に入れて加熱し、3cm幅ぐらいに切った平家かぶの葉と茎を入れて煮る（写真⑥、⑦）。
6 平家かぶに火が通ったら、大樽に豆乳を移す。このときの液量は約65ℓ。75〜80℃に冷めたらにがり100mℓを、豆乳で5倍量に希釈してから入れる（写真⑧）。水で希釈すると温度が下がるので、豆乳で希釈する。
7 にがりを入れたら木べらで底からゆっくりとかき混ぜ、約10分待つ。凝固しないときは同様ににがり100mℓを希釈して追加する。にがりの量を加減しながらこれを繰り返し、ゆっくりと凝固させる（写真⑨）。早く混ぜるとぼろぼろになるので、ゆっくり混ぜる。
8 約30分かけてにがりを打ち、豆乳が透明になり凝固してきたら、竹ザルを上澄みに入れて、ひしゃくや片手鍋で余分な湯を汲み出す（写真⑩）。
9 凝固したものをすくってさらし布を敷いた豆腐箱に入れる（写真⑪）。逆さにしたときに平家かぶが表面にちりばめられるように、平家かぶの流し込み方を加減する。
10 さらし布で包み（写真⑫）、押し板をのせ重しをして、約30分かけてゆっくりと水分を抜く（写真⑬）。
11 型から出して10個に切り分ける（写真⑭）。水にさらさず自然に冷ます（写真⑮）。そのままでおいしいが、塩をつけてもよい。

撮影／高木あつ子

〈京都府〉
ひろうすの炊いたん

撮影／高木あつ子

＜材料＞ 4人分

ひろうす…8個
だし汁…2カップ
砂糖…小さじ1
みりん…大さじ2
うす口醤油…大さじ2

＜つくり方＞

1 ひろうすは熱湯を回しかけて油抜きをする。
2 鍋にだし汁と調味料を入れ、1を加えて、弱火から中火で味がしみるまで煮含める。
3 器に1を煮汁とともに盛り、あればさやえんどうなどの青みを飾る。

京都は豊富な地下水が湧くので、その水を利用してつくられた豆腐製品のおいしさは全国的に有名です。市内では豆腐屋が、各家庭に日常の食材として豆腐や揚げを売り歩いていました。ひろうすは水けをきった豆腐ににんじん、れんこん、ひじき、銀杏などの具を混ぜて揚げたものです。精進料理では「がんもどき」とも呼ばれて肉の代用として利用されます。お盆のお精霊さんを迎える料理の一品として食卓にのぼっていたようです。「ひろうす」の語源は諸説ありますが、ポルトガル由来の小麦粉を揚げた菓子であるフィリョウスからきているともいわれます。

揚げ立ての手づくりひろうすを、大根おろしと食べるのはおいしいのですが、手間がかかるのでひんぱんにはできません。普段は豆腐屋で買ったひろうすを煮ておかずにしていました。ひろうすだけを炊いたり、季節の野菜と炊き合わせたり、おでんの具にもなります。一口大のかわいい「きんかんひろうす」もあります。

協力＝山田熙子、田中慶子
著作委員＝河野篤子、坂本裕子、米田泰子

〈徳島県〉

おひら

法事や葬式に欠かせない精進料理です。呼び方は「ひりょう」や「ひろうず」などさまざまですが、勝浦町では黒い漆器や陶器などの平たい器に盛ってお膳にのせるため、おひらと呼ばれています。

中に入れるにんじんや椎茸、きくらげは身近な食材。みかん栽培のさかんな勝浦町では、みかんの木を切ったあとに生えるきくらげを使っていたそうです。

以前は法事や葬式になると、隣近所の5〜6軒ほどで構成された「講組《こうぐみ》さん」たちが手伝いに来て、男性が外回りの仕事を、女性が料理を担当しました。おひらは女性たちで一度にたくさん揚げ、大きな鍋で煮てつくります。最近では小さなものを2、3個盛ることが多いですが、昔は大きくつくり、器に盛るのは一つだけ。中には必ずおの実(麻の実)を入れていました。

さまざまな具が詰まったおひらは、ずっしりとして食べごたえがあります。手間ひまかけてつくる、葬式や法事でしか食べられない特別な日の料理でした。

協力＝新居和、北山明子、加々美清美
著作委員＝近藤美樹、長尾久美子

撮影／長野陽一

<材料> 4人分

豆腐…1.5丁(600g)
乾燥きくらげ…1枚(4g)
にんじん…1/3本(35g)
椎茸…2枚(24g)
ごぼう…1/5本(30g)
山芋…1.5cm長さ(30g)
ぎんなん(水煮でもよい)…8〜12個
(あれば)おの実(麻の実)
…大さじ1(8g)
揚げ油…適量
しょうが…1かけ(15g)
だし汁…2カップ
砂糖…大さじ3
うす口醤油…大さじ1と1/2
みりん…1/4カップ
酒…大さじ1と1/3

<つくり方>

1. 豆腐は重しをして水けをきったあと、さらに布巾に包んでしぼり、2/3重量になるまで水けをしっかりきる。
2. きくらげは戻して2cm長さのせん切りに、にんじんはみじん切りに、椎茸はせん切りにする。
3. ごぼうは小さめのささがきにしてゆで、水けをきる。
4. 山芋は皮をむいて酢水(分量外)につけてアクを抜き、すりおろす。
5. ぎんなんは殻を割って塩ゆでにし、薄皮を除く。
6. 豆腐をほぐしてすり鉢でよくする(フードプロセッサーでもよい)。2〜4とおの実を加えてゴムべらで混ぜ合わせ、4等分する。
7. 手にたっぷりと油(分量外)をつけ、6を丸めて4〜5回両手でキャッチボールをするようにして空気をしっかり抜く。ぎんなんを2〜3個中に入れて厚み約2cmに丸くまとめ、160〜170℃の低温の油できつね色になるまでじっくり揚げる。
8. 鍋にだし汁と調味料を入れて煮立て、7を入れて約20分煮る。皿に盛り、煮汁を少しかけて、おろししょうがをのせる。しょうが醤油や、かたくり粉で煮汁にとろみをつけた銀あんをかけてもおいしい。

〈沖縄県〉

うじら豆腐

「うじら」はウズラのこと。ウズラの卵に似ているのでこの名がついたとされます。沖縄風がんもどきで、魚のすり身も入り弾力のある食感になります。豆腐とすり身を丁寧にすり鉢であたり、時間をかけてつくります。外はカリカリ、中はふわふわで、色よく揚がったグリーンピースもアクセントです。

沖縄豆腐は「島豆腐」と呼ばれ、生絞りが主流で他県の豆腐にくらべつくり方に特徴（p122参照）があります。味が濃く、塩の入った豆腐が多いため、県外の人には塩けが強いと感じることもあり、最近では塩味をおさえた島豆腐もあります。

大きさは地域によって1丁が600gほどから1kgになることもあります。那覇市内では水がよいと評判の繁多川《はんたがわ》や識名《しきな》の豆腐がおいしいといわれています。

うじら豆腐はかつては法事の席の料理でしたが、最近では琉球料理店でも出されたり、料理教室でも教えたりと、口にできる場が増えています。

協力＝浦崎米子、大嶺桂子、大嶺文子

著作委員＝名嘉裕子、森山克子、大城まみ

撮影／長野陽一

＜材料＞8個分

島豆腐*…400g

にんじん…1/3本（40g）

きくらげ…30g（乾燥・3g）

A
- だし汁（かつお節）…大さじ4
- 酒…少々
- 塩…少々

B
- 魚のすり身…50g
- 卵…1個
- ピーナッツバター…10g
- 砂糖…小さじ1/2
- 塩…小さじ1/2

黒ごま…小さじ1

ゆでグリーンピース…24個

揚げ油…適量

*他県の一般的な豆腐よりかたく、塩分を含んでいる。

ずっしりと重い島豆腐

＜つくり方＞

1 にんじんは3cm長さのせん切りにしてサッとゆでる。きくらげも3cm長さのせん切りにする。

2 1をAで煮汁がなくなるまで煮つめ、ペーパータオルなどで水けをとる。

3 豆腐は重しをして水けをきり、さらしなどに包んでかたくしぼる。Bと一緒にフードプロセッサーにかけるか、すり鉢でする。

4 ボウルに2と3、黒ごまを加えて混ぜ合わせ、8等分にし、小判形に成形してグリーンピースをはめこむ。

5 180℃の揚げ油で色よく揚げる。

〈福島県〉

凍《し》み豆腐の煮物

福島県では、昔から凍み餅や凍み大根など冬の寒さを利用してさまざまな保存食がつくられてきました。凍み豆腐もその一つ。おもな生産地となっている福島市中央の立子山《たつこやま》には、冬場、奥羽山脈を越えて「吾妻《あづま》おろし」と呼ばれる強く冷たい風が吹きつけます。この寒風にさらしておくことで、中の水分が凍ったり溶けたりを繰り返しながら乾燥し、豆腐がスポンジ状になっていくのです。ただ最近では、安定して生産するため、豆腐を冷凍庫で凍らせてから低温貯蔵したのち、天日干しや屋内乾燥させる製法が主流になっています。

凍み豆腐は水につけるとやわらかく戻り、煮物に入れると味がよくしみます。豆腐自体からもだしが出て、食べるとじゅわっと濃厚な味の汁が口に広がります。

中通り北部では、「煮物といえば凍み豆腐」といわれるほどよく利用されるもの。煮物以外にも普段から炒め物や味噌汁の具にしたり、雑煮にも使います。山間部の重要なたんぱく質源となる食材です。

協力＝渡邊寿子
著作委員＝阿部優子、石村由美子

撮影／長野陽一

＜材料＞ 5人分

凍み豆腐…3枚
昆布…10cm
干し椎茸…5枚
里芋…5個
塩…少量
こんにゃく…1/2枚
油…大さじ1
にんじん…1/2本
さつまあげ…2枚
昆布と椎茸の戻し汁…3〜4カップ
砂糖…大さじ2〜3
塩…適量
醤油…1/2カップ
みりん…大さじ2〜3

立子山で生産されている凍み豆腐。1cmほどの厚さに切った豆腐を一度冷凍してからわらで編んで乾燥させる

＜つくり方＞

1. 昆布と干し椎茸は水で戻す。昆布は適当な幅に切り、結ぶ。
2. 凍み豆腐はぬるま湯で5分ほど戻してから軽くしぼり半分の大きさに切る。
3. 里芋はひと口大に切り、塩をまぶし、もみ洗いしてぬめりをとり、沸騰するまでゆでる。
4. こんにゃくは両面に格子に切れ目を入れて角切りにする。鍋に油を熱し、水分を飛ばすように炒る。熱湯をかけて油抜きする。
5. にんじんは皮をむき、ひと口大に切る。
6. さつまあげは食べやすい大きさに切る。
7. 鍋に1〜6と昆布と椎茸の戻し汁を入れて火にかける。
8. 沸騰したらアクをとり除き、砂糖、塩、醤油、みりんを加える。アクをとりながら煮汁がなくなるまで中火で煮る。

〈兵庫県〉

高野豆腐粉と野菜の煮物

県のほぼ中央部に位置し、山々に囲まれた多可《たか》町は、昭和30年から40年頃までは天然の寒冷な気候を利用して高野豆腐（凍り豆腐）や凍りこんにゃくの製造がさかんでした。豆腐は一晩で凍らせた後、解凍し乾燥するのですが、そのために板にのせた豆腐が田んぼに並ぶ光景は冬の風物詩でした。冬季には但馬から豆腐づくりの一団を呼び寄せて、豆腐小屋（工場）で豆腐をつくってもらったそうです。

そんな土地柄なので、凍り豆腐の製造工程で折れたり壊れたりした粉状の豆腐粉（折れ豆腐）を利用した野菜の煮物が日常のおかずとしてよく食べられていました。おからに似ていますが、なめらかさが異なります。まろやかな食感でやさしい味わいがいろいろな野菜を包みこんで、のどごしがよいのが特徴です。凍り豆腐は戻すひと手間がかかりますが、粉は直接料理に使えます。昔は「くずもの」利用の一方法でしたが、むしろ今の時代に合った食材なのかもしれません。

協力＝村田好子　著作委員＝片寄眞木子

撮影／高木あつ子

<材料> 4人分

凍り豆腐粉*…80g
鶏肉…50g
ごぼう…1/4本（40g）
にんじん、たけのこ、れんこん、ちくわなど…合わせて50g
干し椎茸…2枚
こんにゃく…50g
青ねぎ…少量
油…大さじ1
だし汁（または水）…2.5カップ
砂糖…大さじ2
うす口醤油…大さじ3
*なければ凍り豆腐をおろし金でおろしてもよい。

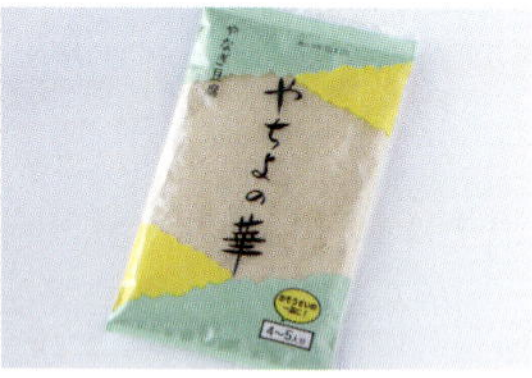

市販されている凍り豆腐粉

<つくり方>

1 鶏肉は1cm角に切る。他の材料は小さなさいの目切りにする。干し椎茸は戻してから同様に切る。ねぎは小口切りにする。
2 鍋を温めて油を入れ、鶏肉を炒める。
3 鶏肉に火が通ったら、さいの目切りの材料を入れて、中火で軽く炒める。
4 だし汁、砂糖、醤油を入れ、6分ほど、にんじんに火が通るまで中火で煮る。
5 豆腐粉を入れて軽く混ぜ、煮汁がほぼなくなるまで、5分ほど弱火で煮る。
6 器に盛り、ねぎをあしらう。

〈鹿児島県〉

こつっ豆腐の煮物

　県北部の北薩《ほくさつ》や姶良《あいら》地区などで、お盆につくられてきた煮物です。こつっ豆腐とは、大豆の粉でつくった豆腐のことです。天日でよく干した大豆を石臼で挽いて粉にして、水で練り耳たぶくらいのかたさになったところで竹の串に刺し、囲炉裏でこんがり色がつくまで焼いて、煮しめに使います。豆がぎゅっと詰まった感じで食べごたえがあり、大豆の香ばしさと特有の素朴な味わいがあります。

　これらの地域は軽石混じりの火山砂のシラス台地にあり、水はけがよいので大豆やさつまいもがよく育ちました。煮物や呉汁、おから料理など植物性たんぱく質として大豆を日常的に食べており、醤油や味噌もつくっていました。こつっ豆腐は、食事が肉や魚を使わない精進料理となるお盆の貴重な栄養源であり、ごちそうでもありました。盆前になると夏の暑いなか囲炉裏に火をたいてつくったそうです。子どもの頃はあまりおいしいと思わなかった人も、今では懐かしい味だと話してくれます。

協力＝宮園典子、宮里トミ子、川越義人、田中和巳　著作委員＝新里葉子

撮影／長野陽一

＜材料＞ 7〜8人分

- 大豆の粉…400g
- 塩…小さじ1
- 水…1カップ強
- 干し椎茸…6枚
- 野菜昆布*…50g
- にんじん…2本（300g）
- こんにゃく…2枚（400g）
- 厚揚げ…2枚（400g）
- ゆでたけのこ…500g
- 椎茸と昆布の戻し汁…1.4ℓ
- 三温糖…100g
- みりん…1/2カップ
- うす口醤油…3/4カップ
- 醤油…1/4カップ

*若くてやわらかい昆布で、だし用ではなく食べる用。棹前昆布ともいう。

＜つくり方＞

1. 大豆の粉（写真①）に塩を加え、分量の水を少しずつ加えながら耳たぶのかたさになるまで練る。
2. 1を厚さ2cmの平たい小判形にまとめ、フライパンでこんがりときれいな焼き目がつくように焼く。
3. 干し椎茸、野菜昆布を別々に戻し、椎茸は食べやすい大きさに、野菜昆布は結び昆布にする。昆布は結んでから切るとやりやすい。
4. にんじん、こんにゃく、厚揚げ、たけのこを食べやすい大きさに切る。
5. 椎茸と昆布の戻し汁に3と4の材料を入れ、三温糖、みりん、うす口醤油を加えて煮こむ。蓋をずらして10分ほど煮たら、1.5cm幅で斜めに切った2を入れて5分ほど煮る。
6. 醤油を加え、煮汁がなくなるまで煮含める。

〈佐賀県〉

呉《ご》豆《どう》腐《ふ》

呉（豆乳）をかたくり粉でかためたもので、「トロリ」「つるり」「もちもち」「ぷるん」などと表現されるやわらかめの食感がくせになります。しょうがと甘辛のごま醤油でおかずの一品として食べることもあれば、きな粉や黒蜜をかけておやつとしていただくこともあります。お盆料理のひとつですが、日常的にもよくつくられて、有田の小学校では、家庭科の授業でつくるなど、現在でも子どもたちにとっては「有田の味」です。

かつては家々で大豆をすって豆乳をつくるところからやっていましたが、今ではミキサーで手早くつくれます。ただ、豆乳の濃度によって加える水の量を加減しないとうまくできないので、上手につくるには経験が必要です。今は呉豆腐専門の業者もできて、気軽に買えるようになりました。かためる粉はかたくり粉だけでなく、くず粉やタピオカでんぷんを用いることもあります。

協力＝西山美穂子、米原喬子、松本郁子、小柳悦子　著作委員＝成清ヨシヱ

撮影／戸倉江里

＜材料＞ 5×10×1cm（200g）で7個分

豆乳…1ℓ
水…2カップ
かたくり粉*…130g
┌白すりごま…10g
│醤油…大さじ4
│砂糖…大さじ1と2/3
└みりん…大さじ1
しょうが…1かけ

*じゃがいもでんぷんのかたくり粉がよく固まる。

＜つくり方＞

1 豆乳に水、かたくり粉を加えよく混ぜ、ザルでこす。
2 1を厚手の鍋に入れ火にかける。木べらで鍋底から混ぜながら、焦がさないように中火で練る。
3 ドロリとしてきたら弱火にし、タラタラと落ちるようになるまで（写真①、カスタードクリーム程度のかたさ）練る。
4 3の粗熱をとり型に流しこみ、冷蔵庫で冷やし固める。冷蔵庫で3日程度保存可能。
5 4が固まったら食べやすい大きさに切り、器に盛る。ごま、醤油、砂糖、みりんを混ぜ合わせたタレをかけ、すりおろしたしょうがを添える。

〈京都府〉

おからの炊いたん

京都の惣菜は始末（素材を無駄なく利用する）の料理ともいわれ、おからの炊いたんは日常よくつくった料理のひとつです。安い食材であるおからと、家庭に常備してある乾物（干し椎茸、かんぴょう、ひじきなど）や旬の野菜を利用し、具の変化をつけることで季節を問わず食べられていました。とくに商家では、月末のやりくりの苦しいときに重宝された料理です。おからを炊くことを炒るともいい、ものが「入る」に通じて縁起がよい料理でもあったのです。

具材のバリエーションとしては、きくらげ、しめじなどのきのこ類もよく合い、ごぼうを加えてもおいしいものです。また、油揚げとともに鶏ミンチを入れてもいいでしょう。口当たりがしっとりし、なめらかになります。季節によって九条ねぎが手に入れば青ねぎの代わりに使えます。あまり濃い色にならないように仕上げるのがおいしそうにつくるポイントです。

協力＝田中慶子、山田熙子
著作委員＝河野篤子、坂本裕子、米田泰子

撮影／高木あつ子

＜材料＞ 4人分

おから…200g
にんじん…20g
干し椎茸…2枚
油揚げ…1/4枚（30g）
こんにゃく…50g
青ねぎ…1本
油…大さじ1
椎茸の戻し汁と水…200〜350mℓ*
砂糖…大さじ2
うす口醤油…大さじ2

*おからの炒り加減、野菜の煮方の好みにより加減する。

＜つくり方＞

1 にんじんはみじん切り、干し椎茸は戻して細切り、油揚げは熱湯をさっとかけ油抜きをして縦半分に切り細切り、こんにゃくは細かく切り、ねぎは小口切りにする。
2 フライパンに油を熱し、おからをパラパラになるまで炒る。
3 鍋に椎茸の戻し汁と水を入れ、にんじん、椎茸がやわらかくなるまで弱火で煮る。
4 3に調味料を加え、ひと煮立ちさせ、油揚げ、こんにゃくを加え、さらにおからを加えて好みのかたさになるまで炒りあげる。
5 ねぎを加えて、全体を混ぜ合わせて火を止める。
6 器に盛る。あれば山椒の葉をたたいて飾る。

〈佐賀県〉きらずのおよごし

撮影／戸倉江里

＜材料＞ 4人分

おから…80 g
とくわか（わけぎ）…適量
┌ 白ごま…大さじ2と1/2（22.5 g）
│ 味噌…大さじ1と2/3（30g）
└ 砂糖…大さじ3弱（25g）
煮油*または油…小さじ1（4g）

*昔ながらの製法で搾油されたナタネ油を煮立てて香ばしくしたもの。

＜つくり方＞

1 ごま味噌をつくる。すり鉢でごまをすり、味噌を加えてすり混ぜ、さらに砂糖を加えすりつぶす。少しかためこ仕上げる。
2 おからは空炒りし、1を加えてよく混ぜ合わせる。できたてのあたたかいおからならそのまま混ぜる。
3 2に煮油または油を加え、さらによく混ぜ合わせる。
4 器に盛り、小口切りにしたとくわかをちらす。

「きらず」はおからのことで、料理するのに切る必要がないのでこう呼ばれます。「およごし」とはごま味噌和えのこと。ごまをたっぷり使った風味豊かなおかずです。さっぱりした飽きのこないおいしさで、箸休めにぴったりです。焼き物で知られる有田は「食い道楽」の地といわれますが、安価なおからもおいしく食べていました。月に1度はつくっていたそうです。朝早く、豆腐屋さんに行って豆腐を買うついでに、できたての湯気が立つおからも買うのです。傷みやすいので、すぐに調理しました。

有田は平地が少なく水田には恵まれなかったのですが、丘陵地帯ではナタネの栽培が盛んでした。収穫したナタネは「油しめ場」で油と交換できました。ナタネ油は特有のにおいがありましたが、一度煮立てると臭みは飛んで香ばしさが残ります。これを「煮油《にあぶら》」といい、ビンに入れて冷暗所で保存しました。貴重な煮油を少したらすことで、おからにしっとり感やコクが出ていっそうおいしくなったのです。

協力者＝西山美穂子、二ノ宮辰、松尾浩子、原口恭子　著作委員＝成清ヨシヱ

〈千葉県〉

からなます

「からなます」とはおからのなますのこと。普段はおからと野菜と落花生を甘酢で和えたものでしたが、行事や祭りのときには奮発してマグロのなますが入っていました。甘酢でしめらせたさきいかを加えることもあったようです。

盛りつける際は、こんもりとうさぎのように形づくり、葉っぱの模様をつけます。うさぎは安産多産で縁起がいいからかもしれませんん。葉っぱの模様のいわれは不明ですが、千葉では魚をたたいて味つけした「なめろう」にも同じ模様をつけることがあります。

南房総市の富山地区（旧富山町）では8月20日の夏祭りや冠婚葬祭にはすしなどのごちそうと一緒に並びました。おからもマグロも生のままでは傷みやすいですが、空炒りしたり酢を使うことでもちをよくし、集まった親戚にはお土産に砂糖袋に入れたからなますを持ち帰ってもらいました。からなますをつくるときは母親が大きなすり鉢でつくるのを、子どもはすり鉢を押さえて手伝う役でした。

協力＝熱田恵子
著作委員＝梶谷節子、渡邊智子

撮影／高木あつ子

<材料> 4人分

おから…150g
マグロ赤身…100g
酢じめ液
- 酢…大さじ2
- 砂糖…小さじ1
- 塩…少々

干し椎茸…3枚
油揚げ…1枚（50g）
にんじん…1/3本（50g）
長ねぎ…1/2本
落花生…30g

A
- だし汁…1/2カップ
- みりん…大さじ1/2
- 砂糖…小さじ1
- 塩…小さじ1/2

B
- 砂糖…大さじ3〜4
- 酢…大さじ4〜5
- 酒…大さじ1
- だし汁…大さじ2
- 塩…小さじ1/2〜1

<つくり方>

1. 椎茸は戻して薄切りにする。油揚げは油抜きをし、軽くしぼって細切りにする。
2. Aで1を煮て、汁けをきっておく。
3. にんじんは細切りにして塩もみしてしぼっておく。
4. ねぎは小口切りにする。
5. 落花生はポリ袋に入れ麺棒でたたいたあと、半量はすり鉢ですって好みのかたさにする。
6. マグロはひと口大に切り、酢じめ液につけて冷蔵庫に20分〜1時間入れる。身は白くなってよい。
7. おからを鍋で空炒りし、水分を飛ばして冷ます。
8. 7に椎茸と油揚げ、にんじん、Bを合わせて加え、木べらでかき混ぜる。しっとりしたら、ねぎを加えて混ぜる。
9. マグロと落花生（たたいたものとすったもの両方）を加えて和える。
10. 大皿に、こんもりと盛りつけ、葉っぱの葉脈模様を菜箸で描く。

◎れんこん、きゅうり、こんにゃく、ゆずなども好みで入れるとおいしい。

〈島根県〉

おまんずし

すし飯の代わりにおからをにぎるおまんずしは、西部（石見《いわみ》地方）では春や秋の祭り、婚礼などのお祝いなどにつくられるハレの料理です。炒ったおからを丸め、酢じめにしたイワシやアジをのせて巻き、毒消しの笹の葉の上に盛りつけます。普通のすしは冷たいのですが、おまんずしはおからがほんのり温かいので喜ばれます。

おからは魚を漬けた甘酢で炒り、おの実（麻の実）を入れます。好みでしょうがのみじん切りを加えることもありますが、他の材料は一切入れません。やわらかくて甘酸っぱいおからに、おの実のカリッとした歯ざわりがよく合い、入ると入らないのではおいしさが違います。食べやすいように、イワシは皮をむき口当たりをよくします。

鯖や小鯛、ノドグロを使うこともあり、とくに大きめの魚がとれれば行事に用います。魚の種類や大きさに合わせてすしの形が変わり、鯖の姿ずしのように背開きにした魚におからをはさむこともあります。

協力＝宮本美保子、田子ヨシエ、木村美代子、服部やよ生　著作委員＝石田千津恵

撮影／高木あつ子

<材料> 4人分

イワシ…中4尾
塩…小さじ1弱
おから…200g
合わせ酢
- 酢…大さじ4
- 砂糖…大さじ4
- 塩…小さじ1と1/2

おの実（麻の実）…大さじ1

<つくり方>

1 イワシは三枚におろし、塩をして30分程度おく。
2 身がしまったら酢洗い（分量外）をして、身が白く変わるまで30分～1時間合わせ酢に漬けこむ。
3 イワシをとり出し、残った漬け汁でおからを中火で炒め、おの実を混ぜて火を止める。
4 おからが人肌程度に冷めたら俵形ににぎり、皮をむいたイワシでくるむ（写真①）。30分程度軽く重しをしてもよい。

①

撮影／高木あつ子

＜材料＞ 4人分

モウカリ（サッパ）…8尾
塩…モウカリの身の3％
甘酢
- 酢…大さじ2
- 砂糖…大さじ1と1/3

おから…200g
A
- 酢…大さじ2
- 砂糖…大さじ1と1/3
- 塩…小さじ1/3

しょうが汁…小さじ1と1/3
黒ごま…小さじ1と1/3
ゆずの皮…少々

＜つくり方＞

1. モウカリは腹開きにし、中骨をとり除く。水分を抜くために塩をして1時間くらいおく。
2. 1をさっと水洗いし、水けをふきとって甘酢に一晩漬ける。
3. Aをひと煮立ちさせておからを入れ、木べらで味がなじむように炒りつける。弱火でゆっくりと炒り、おからがパラパラになる前に火を止め、しっとりと舌ざわりよく仕上げる。
4. しょうが汁と黒ごま、みじん切りにしたゆずの皮を加えてよく混ぜ、8個の俵形ににぎる。
5. モウカリの酢をふきとり、4の上にのせてにぎる。

◎おからに入れる調味料に、魚を漬けていた甘酢を加えてもよい。

〈広島県〉

あずま

あずまは、瀬戸内海のモウカリやコノシロとおからを使ったすしです。正月、祭り、冠婚葬祭などには豆腐をつくり、できたおからは米を節約するためににぎってすしにしました。青魚の銀色が輝く華やかなすしを皿や重箱にきれいに入れておき、酒の肴やおかずとしてふるまうのです。大豆を栽培していた家では豆腐もよくつくるので、普段でも生きのいい魚が手に入るとあずまをつくったそうです。

モウカリは尾道の呼び名で、広島ではワチ、岡山ではママカリ、標準和名はサッパといいます。コノシロは成長によって呼び名が変わる出世魚で秋祭りにつきものなので「鰶」という字が生まれました。

魚を使わない地域もあります。蒲刈《かまがり》島（呉《くれ》市）ではおからをご飯の2～4割混ぜ、ごぼう、にんじん、高野豆腐などを煮た具を加えておにぎりにします。お祝いにはえびやかまぼこ、不祝儀には甘く炊いた黒豆を入れました。手間がかかるため、蒲刈では日常の食卓には出ない料理です。

協力＝岡本節子、篠原幸子　著作委員＝渕上倫子、高橋知佐子、山口享子

撮影／高木あつ子

＜材料＞ 4人分

イワシ（コノシロ、ヒメジなど）…小4尾
塩…小さじ1
- 酢…1/2カップ
- しょうがのせん切り…5g

おから…240g
- 砂糖…大さじ1と1/2
- 塩…小さじ1/3
- 醤油…小さじ1/2
- 酢…大さじ4
- しょうがのみじん切り…大さじ1
- 白ごま…大さじ1

＜つくり方＞

1 イワシは三枚におろして、塩をまぶして2時間程度おく。
2 **1**をさっと洗って、酢とせん切りしたしょうがにしばらく漬ける。
3 厚手の鍋におからを入れて、弱火で3〜4分空炒りする。
4 **3**に調味料としょうがのみじん切り、ごまを加えてよく混ぜ、しっとりなじんだら火を止めて冷ましておく。
5 **4**を8等分して1人分2個ずつ丸め、水けをふいた**2**を上にのせて、にぎりずしのように仕上げる。

コノシロでにぎった唐ずし

唐《とう》ずし

〈山口県〉

もともとは米が貴重であった時代に、米の代わりにおからを使ってつくっていたといわれています。呼び方は地域によってちがい、「おからずし」「だきずし」「きずし」とも呼ばれます。

魚種は日本海側ではイワシが主で、慶事には金太郎（ヒメジ）も使ったようです。瀬戸内海側では季節にとれる小魚を使ってイワシ、アジ、小鯛、コノシロ、金太郎と多彩でした。傷みやすいおからをしっかり炒って、酢じめの魚を用意して、と、ひと手間かかった料理で、行事や客ごとの酒肴だったのではないかと思われます。萩市では冠婚葬祭に欠かせない料理だったといいます。昭和40年代には惣菜として売られるようになり、現在でもスーパーに並んでいるので普段のおかずの感覚になっています。

ここではごまを使用しましたが、かつてはおの実（麻の実）を入れていました。おからを空炒りするときに、好みで油を入れて炒りつけると、よりしっとりとやさしい口当たりになります。

著作委員＝櫻井菜穂子

〈愛媛県〉

丸ずし

宇和島市吉田町は宇和海に突き出した半島とその付け根の部分からなり、平地が総面積の10％程度。「耕して天に至る」段々畑を形成し、米がつくりにくい地域です。丸ずしは飯の代わりにおからを使ったすしで、米が貴重だった時代ならではの工夫された一品です。

宇和海沿岸は、アジやイワシ、キビナゴなど新鮮な小魚が豊富にとれます。これを酢でしめるとキリリとした食感となりおいしく、魚とおからの酸味に、魚のうま味とおからの甘辛さが口中であいまって、絶妙のバランスです。丸ずしは「おだまき」、また東予地方では「いずみや」とも呼ばれます。

この辺りは昭和40年代までは、田んぼの畔で育てた大豆で自家で豆腐もつくっていました。豆腐をつくるとできるおからを使ったのが丸ずし。おからは傷みやすいのですが、酢を使うことで保存がききます。手近にある魚を使い、酒の肴、酢のきいた普段のおかずとして、また何か事でも食べられています。

協力＝清家民江、清家千鶴子
著作委員＝亀岡恵子

撮影／五十嵐公

＜材料＞ 10個分

小魚*…5尾
塩…小さじ1/2（2.5g）
酢…適量
おから…100g
A
- 砂糖…1/4〜1/3カップ（30〜40g）
- 酢…大さじ2と1/3
- かぶすのしぼり汁**…小さじ1
- うす口醤油…小さじ1と1/2弱

葉ねぎ…小1本（3g）
しょうがの薄切り…1〜2枚（2g）

*アジなら1尾50gくらいのもの。そのほか、イワシ、イボダイ（バケラ、アマギ）、サヨリ、キビナゴ、タチウオなど、そのときにとれた魚を使う。
**かぶすはダイダイの一種。なければ酢でよい。

アジは小さめのものが使いやすい

＜つくり方＞

1 小魚は三枚におろす。アジはぜんご（ぜいご）をとる。パラパラとふり塩をして20分おく。
2 1をひたひたの酢につけて、中が白くなるまで3〜6時間おく。魚の厚みにより時間は加減する。
3 ねぎは小口切り、しょうがはみじん切りにする。
4 生のままのおからに、Aを入れてよく混ぜ、ねぎ、しょうがを入れて混ぜる。
5 4を小さな俵形に丸め、2の魚でくるりと巻く（写真①）。魚が大きい場合は片身を斜めに2つに切って巻く。

◎市販のおからは1袋の量が多いので、味をつけて冷凍しておけば、魚が手に入ったときにいつでもつくれる。

撮影／長野陽一

＜材料＞ 4人分

キビナゴ…150g（約24尾）
塩…小さじ1
おから…400g
しょうが…20g

A
- 酢…1/2カップ
- 砂糖…小さじ1
- 塩…小さじ1

B
- 砂糖…120g
- 塩…小さじ1/4
- 醤油…小さじ1
- 酢…1/2カップ弱（90mℓ）

＜つくり方＞

1. キビナゴは手で頭をとって腹開きをし、中骨をとる。
2. 塩をふりかけて10分くらいおく。
3. さっと水洗いをし、水けをきり、Aに20秒ほど漬ける。キビナゴの身が白くなる前にとりだす。
4. 鍋におからとみじん切りにしたしょうが、Bを加える。焦がさないよう混ぜながら弱火で火が通るまで炒める。
5. 冷めたら24等分し、俵形に丸める。上から3をのせ、くるっとひと巻きする。

ウルメイワシのほおかぶり。ウルメイワシは身が厚いのでキビナゴよりも酢に漬ける時間を長くする

〈高知県〉

ほおかぶり

酢じめした魚をおからに巻いた形が、ほおかぶりした姿に見えることからこの名前がつきました。魚のうま味とぴりっとしたしょうがの味が甘酸っぱいおからとよく合い、次々食べられます。

海沿いではいつでも新鮮で安い魚が手に入るので、おからと魚を組み合わせたおからずしは、おきゃく（宴会）のときにも、日常のおかずとしても食卓にのぼります。

おからと合わせる魚はさまざま。ウルメイワシやアジ、鯖、キビナゴなどを使ってひっつけずし（にぎりずし）や姿ずし、ほおかぶりをつくります。県西部の宿毛市では、以前は身がやわらかく厚みのあるウルメイワシのほおかぶりが主流でしたが、最近ではたくさんとれるキビナゴを1尾丸ごと使うようになりました。

朝鮮から伝わったという土佐の豆腐はかたいのが特徴。昭和初期までは豆腐は最高のごちそうで、副産物のおからも大事に使いました。おからはきめの細かいもののほうが口当たりがよく好まれます。

協力＝河原多絵（土佐ひめいち企業組合）
著作委員＝五藤泰子

〈長崎県〉

おかめずし

米の値段が高く米をなかなか食べられなかった時代に、すし飯の代わりに、少量のご飯におからを混ぜてつくられたすしです。砂糖をたっぷり使った甘い味が特徴で、昔は今よりもっと大きくて、見た目がおかめさんに似ていたため「おかめずし」と呼ばれるようになったといわれています。

おかめずしがつくられてきた新上五島町奈良尾地区は五島列島中通島の南に位置し、平地の少ない複雑に入り組んだ地形です。約400年前に、紀州から魚群を追い求めて上五島にたどり着き、奈良尾を拠点にして漁業を始めた人たちがルーツといわれています。そのため、奈良尾には紀州由来の小アジの姿ずし「きずし」も伝わっています。

おかめずしでは青背魚を使うことが多いのですが、とくにこだわりはなく、ヒラス（ヒラマサ）、カマス、マグロ、サンマ、アジ、鯛、その季節の魚でなんでも構いません。刺身が余ったからつくろうかというくらい日常的な料理でした。

協力＝杉師江、戸崎富士子、浜山美枝、濵邉廣子　著作委員＝冨永美穂子、石見百江

撮影／長野陽一

＜材料＞ 20個分

おから…500g
ご飯…300g
にんじん…1/3本（50g）
青ねぎ…8本（40g）
酒…大さじ2と2/3
砂糖…120g
うす口醤油…大さじ2と2/3
酢…大さじ2
油…大さじ2
塩…少々
魚の酢漬け
- サンマや小アジなどの魚*…100〜150g
- 塩…魚の1％重量
- 酢…1/3カップ弱（70mℓ）

甘酢
- 酢…1カップ弱（180mℓ）
- 砂糖…150g

*酢漬けはつくりやすい量でつくればよい。サンマなら1尾、小アジなら10尾程度。写真はサンマを使用。サンマの場合は1〜2月のやせた時期のものを塩漬けにしておく。おからご飯に巻くときは細くそぎ切りにする。

＜つくり方＞

1 サンマや小アジなどの魚を三枚におろして塩をふり、2〜3時間おく。
2 水洗いして、さらに酢で洗ったあと、甘酢に半日から一晩漬けこむ。
3 鍋に油を熱し、みじん切りにしたにんじんを炒める。
4 3に酒、砂糖、うす口醤油を入れる。
5 にんじんが煮えたら、小口切りにしたねぎ、おから、ご飯を加え、混ぜ合わせる。ご飯を少しずつ加えながらおからをなじませるのがポイント。
6 全体に火が通ったら酢を回し入れ、塩で味を調える。1個約50gににぎり、2の魚を巻く（写真①）。

◎魚の切り身が細ければおからご飯は手まり形ににぎり、三枚おろしして平たく太めに切れる魚は俵形ににぎる。若干身が厚いイワシなどの場合は、皮目に隠し包丁を入れるとにぎったおからに沿いやすく、きれいにまとまる。

麩の料理

小麦粉のたんぱく質を抽出した麩は、精進料理の重要な食材です。地域それぞれに特色のある麩がつくられ、仏事の料理を中心に使われてきました。石川や沖縄のように、卵と組み合わせてボリュームのあるおかずに仕上げる食べ方もあります。

〈茨城県〉

すだれ麩のごま酢和え

結城市の伝統的な食材「すだれ麩」を使った和え物で、仏事には必ずつくられました。鎌倉時代に城下町として栄えた結城は寺院が多く、精進料理が発展するなかで、すだれ麩が生まれました。江戸時代後期にはすでに食べられており、冠婚葬祭で使う高級食材でした。最近は盆や正月など、家族が一堂に会したときに食べる機会が多く、すだれ麩が一番売れるのは盆の時期。市内のほとんどのスーパーで売られています。ただ近隣の下館では知られておらず、結城限定の食材です。

すだれ麩づくりはほぼ手作業で全国的にも珍しいものですが、現在、業者は市内でも1軒となっています。生麩をのばして塩をまぶしすだれに広げ、窯でゆでたあと天日で乾燥させて完成。塩をまぶすことで保存性も高まり、生地がしまってしこしこした独自の食感になります。すだれ麩の食感がきゅうりの歯切れと相性よく、ごま酢の濃厚さと甘酸っぱさを紅しょうががピリッとしめてくれます。

協力＝山田フジ江、中山かつ、小平美津江
著作委員＝野口元子、飯村裕子、吉田恵子

撮影／五十嵐公

＜材料＞ 4人分

すだれ麩…2枚
きゅうり…2本
塩…きゅうりの2〜3％重量
白ごま…大さじ3
砂糖…大さじ2
酢…大さじ1
醤油…大さじ1/2
紅しょうが…適量

＜つくり方＞

1 すだれ麩は、水を替えながら2時間くらいつけて戻し、1×4㎝幅の短冊切りにする。
2 きゅうりは板ずりし、薄切りにして塩をかけてしばらくおき、しぼって水で洗い、塩けをとる。
3 半ずりにした白ごまに砂糖、酢、醤油を加えて混ぜ、ごま酢をつくり、すだれ麩を和える。
4 器に盛り、紅しょうがを天盛りにする。

すだれ麩は、生麩に塩をして乾燥させた保存食品

〈石川県〉
車麩の卵とじ

たっぷりとだしを含んだ麩を卵が包み、散らした青菜の彩りも鮮やかな車麩の卵とじは、簡単につくれるのに豪華な一品となり、金沢市や金沢市近郊の家庭で、昔から四季を問わず日常的に食べられています。子どもからお年寄りまで、誰もが好きな味です。夏場なら冷やして供すると、つるんとした食感がまたおいしく、食欲がなくても食べやすいのです。

溶き卵でとじないで、卵1個を輪切りにした麩の穴に割り落として巣ごもり卵のようにつくってもいいでしょう。肉やえび、しらすなどを加える家庭もあります。

石川では、江戸時代後期に加賀藩主前田家の料理人舟木伝内がいろいろなタイプの麩を創製し、「加賀麩」として広く金沢市や周辺の地域で使われています。生麩と焼麩があり、車麩は焼麩（乾燥品）の代表で、小麦たんぱく（グルテン）を長い棒に巻いて直火で焼いたものです。保存食品として家庭には必ず買い置きがあります。すぐに使えるように輪切りにした車麩も売られています。

著作委員＝川村昭子、新澤祥恵、中村喜代美

撮影／長野陽一

<材料> 4人分

車麩…1本（70g）
玉ねぎ…1個（200g）
だし汁（昆布とかつお節）…2カップ
砂糖…大さじ4
醤油…大さじ2
塩…小さじ1/2
卵…4個
青菜*…少々

*三つ葉や青ねぎなら生で、ほうれん草や小松菜などはゆでて使う。

<つくり方>

1 車麩は1.5～2cm厚さに切り、水につけて戻す。そのままか、食べやすいように2～4つ割りにする。
2 玉ねぎは5mm幅に切る。
3 鍋にだし汁と調味料、玉ねぎを入れて火にかけ、車麩を入れてさらに煮る。
4 玉ねぎに火が通り、麩が汁けを十分含んだら溶き卵でとじ、切った青菜を散らす。

加賀の車麩。直径8.5～9cm

麩の辛子和え

〈福井県〉

県の北部、嶺北《れいほく》の広い範囲で葬儀や仏事、報恩講《ほうおんこう》の際につくられている代表的な精進料理です。口に入れた瞬間、ツーンとした辛みが鼻の奥からきて涙が出るほどですが、濃厚な甘味噌と、きゅうりと麩の淡白な味と調和して後をひきます。きゅうりのポリポリ、麩のもちもちとした食感もバランスがとれています。地元の「地からし」と「角麩」でなければ完成しない味で、誰もが地元の会社で製造している同じものを使っています。地からしは、じっくりとすり鉢でって、空気にふれさせないようにしてしばらく置くことで辛みが深まります。辛みが不足すると、物足りない感じになります。

昔は葬儀の料理も地域の人たちが総出でつくっていました。麩の辛子和えも、そんな助け合いの中でつくられてきた料理です。現在では、スーパーの惣菜売り場にもよく並び、いつでも食べられますが、逆に家庭で手づくりする機会は少なくなっているようです。

協力＝一乗ふるさと料理クラブ（代表　高木すみこ）　著作委員＝佐藤真実、谷洋子

撮影／長野陽一

＜材料＞ 4人分

角麩（乾燥）…3枚

きゅうり…1/2本
塩…適量

地からし*…10g
熱湯…5mℓ

味噌**…小さじ1と1/2
砂糖…大さじ1
酢…小さじ1と1/2

*商品名。からし菜の種子を粗挽きにした粉辛子で辛みが強い。

**味噌は淡色辛味噌。信州味噌よりは少し甘め。

＜つくり方＞

1　角麩は水につけて戻す。三角形に4等分に切り、水けをしっかりしぼる。
2　きゅうりは塩をふって板ずりする。小口切りにして軽く塩でもみ、しばらくおいて水けをしっかりしぼる。
3　地からしは熱湯でよく練る。ラップで蓋をして容器を裏返して30分以上おく。
4　すり鉢に3、味噌、砂糖、酢を入れてさらによくする。
5　4の練り味噌で、きゅうりと麩を和える。

県内で製造している角麩と地からし

〈滋賀県〉
丁字《ちょうじ》麩《ふ》の辛子和え

丁字麩と呼ばれる近江特産の麩に、辛みの強い粉辛子と酢味噌を和えたものです。湖東《ことう》地域では、葬式や法事に欠かせない料理で、初七日や七日ごとの節目、一周忌などにお参りに来た人たちにふるまわれます。こうしたことから丁字麩は、参列する人たちが持ち寄るお供えにもなっています。

辛子味噌を練るのは、親戚や子どもたちの役目。混ぜるときにも辛みが目にしみて涙が出るほどで、子どもは辛子が飛んだ次の日にしか食べられなかったといいます。辛子和えを葬式や法事に出すのには、大事な人を亡くした悲しみを、涙を流して乗り越えようという意味もこめられているそう。鼻にツンと抜ける辛子の辛みに甘めの酢味噌がよく合い、大人が好む味になっています。

丁字麩は、近江の商人たちが持ち運びやすいようにと円柱形だった麩を四角い碁盤状に変えてできたものだそうです。辛子和えにするときは切らずに使います。もちもちとした食感で、湖東地域ではすき焼きの具材としても使います。

協力＝田辺愛子　著作委員＝高橋ひとみ

撮影／長野陽一

<材料> 4人分

丁字麩…8個
白ごま…大さじ2
練り辛子…小さじ1
味噌…大さじ2
砂糖…大さじ4
酢…大さじ6

<つくり方>

1 丁字麩を水で戻し、両手にはさんでかたくしぼる。
2 ごま、練り辛子、味噌、砂糖をよく混ぜて、酢で溶きのばす。
3 丁字麩を2で和え、なじませてから盛る。

丁字麩だけでなく、きゅうりやかまぼこを入れて和える地域もある

近江特産の丁字麩

〈沖縄県〉

フーイリチー

卵を吸った麩（フー）をこんがりと焼き、野菜と炒め煮（イリチー）した料理です。「イリチー」はだしを加えて炒め煮すること。彩りがよく味はあっさりしていますが、食べごたえはしっかりとある普段のおかずです。この料理を「フーチャンプルー」と呼ぶこともありますが、「チャンプルー」は島豆腐（p98参照）が入った炒め物のことなので、本来の意味とは少々異なってきます。

昭和30年代の沖縄では麩はポピュラーな食材でした。乾物なので買いおきができ、台風で買い物に行けないときに便利なので、県民の常備食のように親しまれています。

当時は卵は貴重品だったため、増量するために麩を卵に見立ててつくったそうです。卵は男の子が優先で、女の子には麩が回ってきた、という話もあります。今は卵も麩も経済的な食材で、誰もが好きなようにつくって食べています。野菜をたっぷり入れたり、麩は細かく裂いたりと、十人十色です。

協力＝浦崎米子、大嶺桂子、大嶺文子
著作委員＝名嘉裕子、森山克子、大城まみ

撮影／長野陽一

＜材料＞ 4人分

車麩…2本（約50g）
卵…2個
にんじん…1/3本（50g）
ニラ…1/2〜3/4束（50〜80g）
油…大さじ2＋大さじ1
A ┌塩…小さじ1/2
　 │こしょう…少々
　 └だし汁（かつお節）…大さじ3
塩、こしょう…各少々
ごま油…少々

沖縄の車麩

＜つくり方＞

1 麩は食べやすい大きさにちぎり、たっぷりの水に浸して完全に水を吸ったら、麩を両手ではさみ水分が半分になるくらいまでしぼる。強くはしぼらない。
2 にんじんはせん切り、ニラは3cmの長さに切る。
3 ボウルに卵を割りほぐし、Aを入れてよく混ぜ、1を加えてまんべんなく絡め、卵が残らなくなるまで浸す。
4 フライパンに油大さじ2を入れて熱し、3の麩を1つずつ並べ、両面に焼き色がつくまで焼いたら、いったんとり出す。
5 4のフライパンに油大さじ1を足して、にんじん、ニラを炒め、野菜に火が通ったら4の麩を戻し入れて炒め合わせる。
6 塩、こしょうで味を調え、仕上げにごま油をかける。

肉・豆腐・麩を おいしく食べる知恵

本書に掲載された肉・豆腐・麩などの料理91品を比較してみると、食材の使い方や調理法に、その料理ならではの特徴や地域特性がみえてきます。レシピを読んで、つくって、食べるときに注目すると面白い、そんな視点を紹介します。

●しめてさばいて丸ごと食べた鶏

本書が調査対象とした昭和35～45年頃の家庭料理では、肉といえば鶏肉を指すことが多かったようです。家で鶏を飼い、祝いごとや人の集まる機会には鶏をしめてさばいて食べたという料理がたくさん出てきます。

とくに鍋物が多かったようで、鶏肉とねぎの煮こみ（p8）、ひこずり（p9）、かしわのすき焼き（p10、11）、水炊き（p12）、ひきとおし（p14）、いりやき（p16）などが飼っていた鶏をつぶして食べたという思い出とともに紹介されています。

家でさばくと、当然肉だけでなく内臓も出るので、それらも一緒に食べるには、鍋物は合理的な食べ方だったろうと思われます。鶏をさばくのはおもに男性、父親だったという話もあります。

個性的なのは鹿児島のとり刺し（p22）で、海から遠い霧島地方では、刺身といえばとり刺しを意味し、さばきたてのまだ温かいささみを食べるのが楽しみだったといいます。

●地域性が出る　豚、牛、馬、羊、いのしし

豚の料理は、養豚がさかんだった群馬のもつ煮（p25）、中華街が身近にあった神奈川の餃子と焼売（p26、27）、中国や外国人宣教師の影響を受けた長崎の豚の角煮（p32）や浦上そぼろ（p33）、西郷隆盛も好きだったという鹿児島のとんこつ（p34）などが紹介されています。沖縄には豚は鳴き声とひづめ以外はすべて食べるという言葉があり、ラフテー（p36）からミミガーサシミ（p40）まで、バラエティに富んだ豚料理が掲載されています。

牛肉はどこでもごちそうだったようで、松茸や葉にんにくをたっぷり入れたすき焼きが広島（p30）と高知（p31）から紹介されています。すじ肉を使った大阪のどて焼き（p28）や、牛肉をだし代わりに季節の野菜を煮た兵庫のぐっだき（p29）などは、牛肉を食べ慣れた地域ならではの家庭料理といえるかもしれません。

羊のジンギスカン鍋（p42）はめん羊飼育がさかんだった北海道で、馬は東北の馬産地だった青森（p44）や秋田（p45）、山形（p46）で、それぞれ馬肉や馬の内臓を使った料理が登場しています。

いのししの鍋料理は岡山（p47）、島根（p48）、徳島（p49）、高知（p50）と中国・四国地方の山間部の料理として出てきます。それぞれに味つけや具の取り合わせに土地柄が表れているようです。

●時代の味だったくじら

昭和30年代後半に鶏と同じかそれ以上に身近に食べられていたのがくじらです。もともと日本人のくじら利用は縄文時代にさかのぼるほど古く歴史があるものですが、昭和初期に南氷洋での捕鯨が始まると消費が増え、戦後は庶民的な肉として広まりました。当時の学校給食ではくじらの竜田揚げが定番のおかずでした。しかし世界的な乱獲の影響でくじらが減り、昭和62年に商業捕鯨が禁止されると、日常の食卓ではなかなか見られなくなりました。

本書では、くじらが今よりもずっと大衆的に食べられていた時代の記憶とともに、くじらを多様な食べ方で余すことなく利用してきた日本の食文化の一端がうかがえる料理が紹介されています。肉を食べるハリハリ（はりはり）鍋（p56、57）や竜田揚げ（p58、59）、塩蔵のくじら肉と野菜の炒め物（p61）、皮と脂身の「ころ」が欠かせない関東煮（p54）、塩蔵の皮と脂身の「塩くじら」を使ったくじらかやき（p52）、尾びれを使ったおばいけのぬた（p60）、本皮を使ったくじらなます（p62）などで

す。また、千葉のくじらの甘煮（ｐ53）で使われているツチクジラや茨城のカマのごぼう煮（ｐ63）で食べられているイルカは今でも日本沿岸部でとれるくじらの仲間です。

　汁物やご飯物にして食べてきた例もあり、本シリーズの今後発刊されるテーマの中にもくじらは登場します。

●肉のうま味を引き立てる「鍋」

　鍋料理には肉をおいしく食べる仕組みがいろいろ備わっています。

　肉に組み合わせる食材としては、うま味成分の多い椎茸（ｐ8、12、14、16）、やごぼう（ｐ14、16）などが多く使われています。鍋の中でうま味の相乗効果が生まれるとともに、よい香りにもなっています。

　動物性たんぱく質に植物性たんぱく質を組み合わせることもあります。焼き豆腐（ｐ8、10）、豆腐（ｐ12）、壱州豆腐（ｐ14）、焼き豆腐と角麩（ｐ6）、かまぼこと角麩（ｐ9）、高野豆腐と焼き麩（ｐ11）のように、肉に加えて複数のたんぱく質性食品が盛り込まれるのは、味わいを深め、ごちそう感も高まったでしょう。

　さまざまな具材が煮こまれてたっぷりとうま味がでた鍋の汁は、麺などにからめて最後まで余さずにいただきます。そうめん（ｐ11、14）は「しめ」ではなく最初から煮こみます。ゆでたそばにかける長崎のいりやき（ｐ16）も珍しい食べ方ではないでしょうか。

　鍋の素材をみると土鍋は長く煮こんでも焦げつきにくく、また熱の伝導性が低いため一度あたたまると冷めにくい性質を持っています。一方、鉄製の鍋は、厚みがある鍋ほど熱容量が大きく、温度変化が少ないため一定の温度で加熱できるのが特徴です。

●肉の臭みを和らげる

　肉のにおいは香味野菜や果物、また味噌や酒などと合わせることで「おいしそうなにおい」にする工夫がされてきました。たとえば豚のもつ煮（ｐ25）はにんにく、長ねぎ、味噌、酒を加え、餃子（ｐ26）はニラ、にんにく、ごま油です。とんこつ（ｐ34）は焼酎や麦味噌で、ミミガーサシミ（ｐ40、豚耳）は白味噌とピーナッツバターを加えています。

　ジンギスカン鍋で食べるマトンは香味野菜に加えてりんごやみかん、レモン、ウスターソースなどを組み合わせたたれが親しまれています（ｐ42）。

　馬肉は味噌の風味と、香りの強い野菜を組み合わせて食べるようで、馬肉鍋（ｐ44）は酸味のある高菜の塩漬けを加え、馬かやき（ｐ45）は赤味噌とにんにく、長ねぎ、ごぼうをとり合わせています。

　くじらのはりはり鍋（ｐ57）はかたくり粉をまぶしてゆでることで臭みを感じさせず、やわらかくのど越しもよくしています。

　いのしし肉はごぼうと合わせる（ｐ48）、アクをこまめにとる（ｐ50）といった調理法とともに、捕獲後の血抜きなどの処理が大切だとされており（ｐ47、49）、狩猟で入手してきた肉としての歴史を感じさせます。

●卵と牛乳　かため方のいろいろ

　卵は卵液をそのまま、もしくはだし汁や牛乳で希釈して加熱することで、固め（凝固させ）ます。一般的な卵料理の卵液の希釈割合は表のようになっています。

　本書では希釈液を使わないしっかりとした卵焼き（ｐ68）と、店のようにだし汁で卵を希釈したふっくらとやわらかいだし巻き卵（ｐ69）が紹介されています。また、茶碗蒸し（ｐ70）と小田巻蒸し（ｐ71）では卵液の希釈率が異なります。それぞれにおいしい仕上がり具合になるように、具材や器の大きさとのバランスで、火力や加熱時間を工夫しています。

　こが焼き（ｐ72）は、卵に豆腐や魚のすり身を加えて焼いたお祝い用の大きな卵焼きです。

卵液の希釈割合

卵：希釈液	卵液濃度（%）	おもな料理名	希釈液（例）
1：0〜0.3	100〜75	卵焼き、オムレツ	だし汁、牛乳
1：1〜2	50〜33	卵豆腐	だし汁
1：2〜3	33〜25	カスタードプディング	牛乳
1：3〜4	25〜20	茶碗蒸し、小田巻蒸し	だし汁

南出隆久、大谷貴美子編『調理学』（講談社）（2012年）より改変

赤がねの「こが焼き鍋」を使って、蓋の上にも消し炭をのせてきれいな焼き色をつけて焼きあげたといいます。

一方、牛乳はたんぱく質のカゼインに酸が加わりpHが4.6以下になると凝固します。この性質を利用したカッテージチーズ状のものが、酪農が身近だった地域で「ちっこ豆腐」「牛乳豆腐」などと呼ばれてきました（p74、75）。醤油と砂糖で甘辛く味つけし、そぼろのようにほぐしてご飯にかけたり、豆腐くらいの大きさに切って煮つけたりと、和風の献立に合うように工夫されている興味深い例です。

●虫のとり方の知恵

日本には多様な昆虫食の伝統があります。その中から、本書では蜂の子とイナゴの料理の3品が紹介されています。

愛知のへぼの佃煮（p77）の「へぼ」はクロスズメバチの子。夏はメスが多く秋はオスが増え、雨の多い年は巣が山の上のほうにできるので見つけるのに苦労するといった、長年の経験に基づいた知恵が受け継がれています。宮崎の蜂の子のなす炒め（p79）ではキイロスズメバチの巣をとるときは蜂が動きにくい闇夜を狙う、獰猛なオオスズメバチは松明の炎で焼き殺すなど、蜂ごとの性質を熟知したとり方もみられます。

一方、宮城のイナゴの佃煮（p78）では朝夕の涼しさで動きが鈍くなる時間にとって、一晩おいて糞を出させるなど、上手にとっておいしく食べる工夫が語られています。一時期は農薬の影響で激減したイナゴが、また佃煮がつくれるくらいに復活してきたといううれしい話も出ています。

●豆腐をかたくして食べる

日本人が食べてきた植物性たんぱく質性食品の代表は大豆です。とくに豆腐はさまざまなかたちで大切に食べられてきました。

豆腐をゆでたり、ゆでてから調味して煮るといった方法で食べる料理がたくさんあります。加熱することで豆腐はかたくなり、日持ちをのばす効果もあります。

ゆでてスが入った状態で、そこに煮汁が含まれておいしくなる福島のつと豆腐（p81）や岐阜のこも豆腐（p84）、あまりスは立てずに表面に調味料をからませる茨城のつと豆腐（p82）、白い豆腐ににんじんやごぼうをはさんで彩りを添える和歌山のしめ豆腐（p85）や鳥取のこも豆腐（p86）など、つくり方にもそれぞれのこだわりがあるようです。わらや巻きすで包んだ模様がつくと、煮汁がからみやすくなるだけでなく、かたくなった豆腐の食感をさらに複雑にして、食べごたえのあるものにしているかもしれません（写真①）。

これらの、ゆでてかたくした豆腐や、わらで結んで持ち運べるほどかたくつくる石川の堅豆腐（p91）、かぶ菜の苦味成分が凝固を促進してかたい豆腐となる宮崎の菜豆腐（p94）などの豆腐は、大豆が〝畑の肉〟といわれてきたことを実感させてくれるものです。東京の豆腐のおかか煮（p89）は江戸時代からあるという「煮抜き豆腐」の流れを汲む食べ方です。

そんな中で特徴的なのは群馬の鉱泉豆腐（p88）で、食塩と重曹の成分を含んだ温泉水の作用でしっとりとやわらかく仕上がるのが自慢です。

●豆腐をくずす、揚げる、寄せる

豆腐をくずして揚げたがんもどきも、精進料理の重要な食材として親しまれてきました。京都では「ひろうす」と呼びお盆の食卓に上り（p96）、徳島では「おひら」「ひりょう」「ひろうず」などと呼ばれて法事や葬儀に欠かせません（p97）。名前がフィリョウスというポルトガル由来の揚げ菓子という説も興味深いものです。沖縄のうじら豆腐もがんもどきの一種ですが、魚のすり身も入ります（p98）。やはり法事の席の料理で、名前はウズラの卵に似ているからだそうで、豆腐は何かに見立てたくなる食材なのかもしれません。

大分県宇佐市のしめ豆腐（レシピ掲載なし）も、人寄せのときにつくられた。あまりスが立たないように弱火でゆっくり煮こむ。（協力・末松恵美、岩野總子、中山ミヤ子／著作委員・西澤千惠子、立松洋子）（撮影／戸倉江里）

他にも、くずした豆腐を寒天で寄せた寄せ豆腐（ｐ90）はお茶うけや箸休めとして親しまれ、甘酸っぱい炒り豆腐のようなつしま（ｐ93）は江戸時代からの由来とともに受け継がれています。

●凍り豆腐や大豆粉の利用

豆腐を凍結乾燥させた凍り豆腐は福島では凍み豆腐と呼ばれ（ｐ99）、保存のきくたんぱく質性食品として「煮物といえば凍み豆腐」といわれるほどよく利用されました。

関西では高野豆腐と呼ばれ、兵庫では製造工程で出るくずもの（凍り豆腐の粉）をおからのように使った煮物があります（ｐ100）。地元ではおからよりもなめらかだといわれており、忙しい現代人にも使いやすい食材です。和歌山にも同様の料理があります（写真②）。

佐賀からは豆乳をかたくり粉でかためた呉豆腐（ｐ102）が、鹿児島からは大豆を加熱せず丸ごと粉砕した大豆の粉を水で練って焼いたこつっ豆腐が紹介されています（ｐ101）。それぞれ地元ではなじみの味で、大豆利用の幅広さがうかがえます。

高野山詣での宿駅の地、和歌山県伊都地方のとふの粉の煮物（レシピ掲載なし）。高野豆腐の粉で小松菜を卵とじのようにからめて食べた。（協力・山本鈴代、硲好子、松井カヨ子／著作委員・川島明子）（撮影／高木あつ子）

●おから料理の数々

おからは栄養分が豊富で安価な食材として利用されています。おからの炊いたん（ｐ103）やきらずのおよごし（ｐ104）のようなおから料理は全国でつくられてきたでしょう。

米の代わりに甘酸っぱく味つけしたおからでにぎったおからずしが広くつくられていることもわかります。瀬戸内海沿岸、中国地方から九州まで、海沿いの地域に多く、タネになる酢じめの魚はイワシ（ｐ106、108）、モウカリ（サッパ）（ｐ107）、アジ（ｐ109）、キビナゴ（ｐ110）、サンマ（ｐ111）など、地域で豊富にとれる魚が中心です。千葉ではうさぎの形にこんもりと盛り、祝いごとのときには奮発してマグロの酢じめが入ったといいます（ｐ105）。呼び方もいろいろで、地域ごとの由来がありそうです。いなりずしもつくられました（写真③）。

●麩ー精進料理と日常食と

麩（生麩）は、小麦粉のデンプンを洗い流した後のグルテン（たんぱく質）に、米の粉や小麦粉を練り込んで蒸したり、ゆでたりしてつくられたものです。生麩を焼いた焼き麩、油で揚げた揚げ麩などがつくられ、動物性食品を使わない精進料理にとっては重要な食品です。

愛知県豊橋市のおからずし（レシピ掲載なし）。豊川稲荷神社に近く、すし飯のいなりずしとともにおからのいなりずしが親しまれてきた。（協力・竹川雅子、岩井淑子／著作委員・山内知子、松本貴志子）（撮影／五十嵐公）

本書では、すだれ麩のごま酢和え（ｐ113）、麩の辛子和え（ｐ115）、丁子麩の辛子和え（ｐ116）が仏事に欠かせない料理として紹介されています。一方、石川の車麩の卵とじ（ｐ114）と沖縄のフーイリチー（ｐ117）は日常的な料理で、いずれも卵と麩を組み合わせてボリュームのあるおかずとして食べられています。麩が日常の食卓に定着している背景はどんなものか、興味がわきます。

＊　＊　＊

たんぱく質の多い料理をおいしいと思うのは昔も今も変わらない人間の生理が働いていると思いますが、無駄なく余さず、最後までおいしく食べてありがたく感じる思いの強さは、かつての家庭料理のほうがずっと強かったでしょう。本書を肉や豆腐の楽しみ方を深めて広げる温故知新のレシピ集として楽しんでいただければと思います。

（長野宏子）

調理科学の目 1

豆腐や肉はどう食べられているか
〜日本人のたんぱく質摂取の傾向

大越ひろ（日本女子大学名誉教授）

●植物性から動物性へ

本書に掲載した料理が家庭でつくられていた時代、つまり１９６０年から70年は、主食は米飯で副食は野菜や魚、大豆加工品を中心とする伝統型の献立が多かったといえます。たんぱく質はおもに大豆や魚からとっていました。植物性たんぱく質の摂取の多くは、豆腐やおからなどの大豆製品からでした。精進料理に用いられてきた麩（小麦から抽出したたんぱく質）、生麩や焼き麩なども含まれます。また、動物性たんぱく質の肉や卵は、年々摂取量が増えていった時代でした。

戦前、従来型の米飯を主食として、大豆製品を多く利用した植物性たんぱく質中心の食生活がありました。戦後になり、動物性たんぱく質の割合を増やすような指導が１９５５年、昭和30年頃から行なわれました。その結果、動物性たんぱく質の比率は、１９５０年の25％から１９６０年になると35・４％と増加し（※１）、２０１５年においては、53・８％と動物性の比率が多くなっていきました（※２）。一人一日当たりの卵の摂取量をみると１９６０年の18・９ｇに対して、１９７０年は41・２ｇと倍以上に増加しています。これは、戦後、卵の生産量が増加し、安価で安定供給されていたためと考えられます。以降は漸減し、２０１５年は35・５ｇとなっています。いっぽう、肉類の摂取量は、18・７ｇ（１９６０年）から42・５ｇ（１９７０年）と卵同様の増加ですが、２０１５年には91・０ｇと急激に上昇しています。

肉類で特筆することとして、１９６０年代にさかんに行なわれていた捕鯨の影響がみられ、当時は学校給食にもくじらを使ったさまざまなおかずが登場しています。学校給食の定番だったくじらの竜田揚げ（p58、59）も、家庭料理としてつくられていました。

●地域による豆腐づくりの違い

日本人は大豆の加工品を副食として活用しています。なかでも豆腐は日本各地でさまざまな料理として食べられており、豆腐、おからなどを使った料理は、本書でも多く掲載されています。また、冬場の保存食として凍り豆腐は行事食などに活用されることが多かったといえます。

現在、流通している一般的な豆腐のつくり方は、浸水した大豆をすりつぶした汁、呉を加熱して豆乳とおからに分離し、さらに、70〜80℃に温めた豆乳ににがりを入れて凝固させ、穴の開いた型に入れて水分を絞り、型から取り出して切り分け、水にさらす方法です。

筆者が沖縄県宮古島で体験した豆腐づくりは呉を加熱しないで絞る生絞り法で、現在では沖縄などの一部の地域のみで行なわれています。前日から水につけた大豆に水を加え、ミキサーで攪拌して、呉をつくります。呉は加熱しないで生のまま布で絞り、豆乳とおからに分けます。絞った豆乳を加熱し、前日くみおきしておいた海水を加えて凝固させます。かたまってモロモロの状態になったら、塊をすくい上げて穴の開いた型に入れ、重しをして水分を絞り、型豆腐（木綿豆腐）の完成です。型に入れる前のモロモロのものを袋などに入れて「ゆし豆腐（おぼろ豆腐）」としても市販されています。宮古島では、現在も海水を使って豆腐をつくっている人もいます。しかし、沖縄本島では海水での豆腐製造はほとんどみられません。

●豆腐のかたさの比較

豆腐は地域によってかたさも異なっています。添田の調査結果（※3）から、豆腐のかたさについてみてみましょう。2002年頃に製造されていた沖縄、九州、四国、近畿、東海、北陸、関東、および北海道の8地域について市販されている木綿豆腐を購入し、大きさ、かたさ、および固形分濃度（%）について調べた結果を発表しています。

沖縄を除く、7地域の豆腐は1丁が平均で約374gですが、沖縄では約550gと重くなっています。しかし、重さだけに地域差がみられるわけではありません。その形状も多少異なっています。そこで、前述の添田の調査結果を参考にして、固形分濃度と、豆腐のかたさの関係を図1にまとめてみました。●で示した東日本は○で示した西日本に比べ、固形分濃度もかたさも比較的低くなっていました。×で示した沖縄地方は固形分濃度がやや高く、ややかための豆腐になっています。また、★で示した山間部は北陸地方と四国地方の豆腐で、いずれも伝統的な製法でつくられ、そのかたさが、料理にも反映されているといえます。石川県のこくしょ（p91）で使われる堅豆腐は、大きくかたくつくることで日持ちをさせ、こくしょ以外の料理にも使われたようです。また、和歌山県のしめ豆腐（p85）のように豆腐をわらなどで包み、水きりして保存性を高めたものもあります。

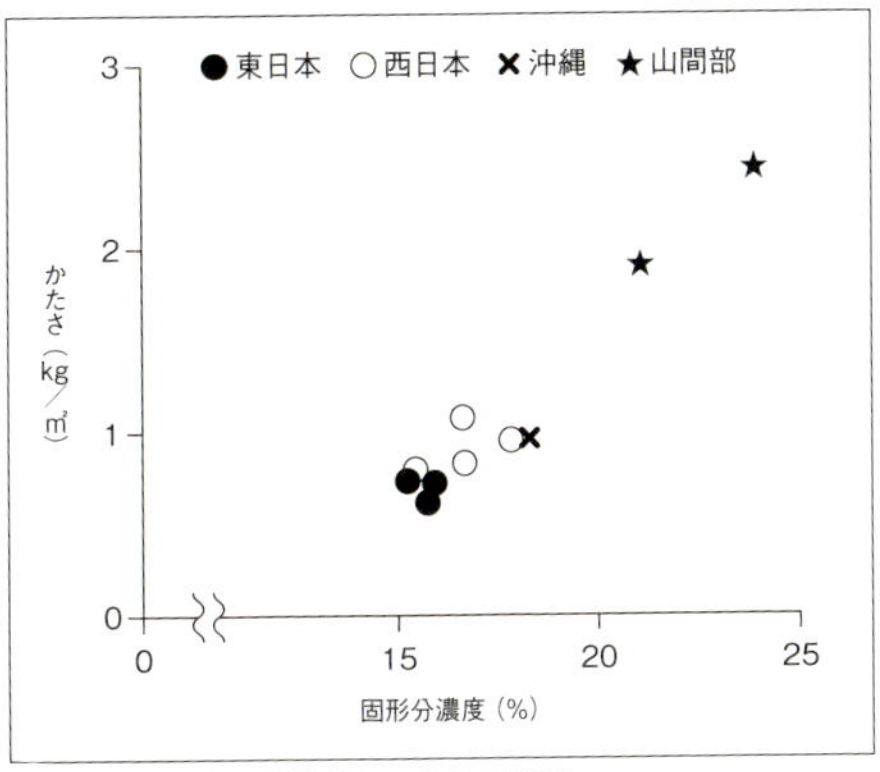

図1　豆腐の固形分濃度とかたさの関係

●地域性がある肉の消費

図2は1963年に家計調査年報から食費、ことに肉類について、鈴木ら（※4）が白地図上にマッピングしたものを参考に、総理府統計局（当時）が公表したものを用いて作図しました。世帯当たりの購入金額について示したもので、色の濃い地域の購入金額が高くなっています。豚肉は新潟県、長野県、愛知県より東の地域における購入金額が高くなっていますが、逆に、牛肉は近畿、中国・四国、九州で購入金額が高くなっています。同様に、鶏肉についてみますと、牛肉に近い傾向がみられ、西日本で高い傾向がみられていますが、当時の物価を考慮すると、鶏肉が比較的安価で家庭料理として利用しやすい素材だったようで、本誌でも鶏の料理が14点掲載されています。しかも、鶏は庭先などで飼育していたため、豚肉や牛肉に比べて、購入するよりも、自前での調達（p23参照）があり、必ずしも購入金額に反映されていない可能性もあります。

現在はどうでしょうか。やはり牛肉は、近畿地方における購入量が多く、豚肉は関東地方での購入量が多くなっています。このような傾向がなぜ生じるのか、それは関西では農耕用の家畜が牛だったという歴史的背景からともいわれていますが、もう少し食文化的視点を加えて、肉の嗜好性についての地域調査研究も必要でしょう。次ページの調査をみると、「好きな肉」と「よく買う肉」とは違うようです。

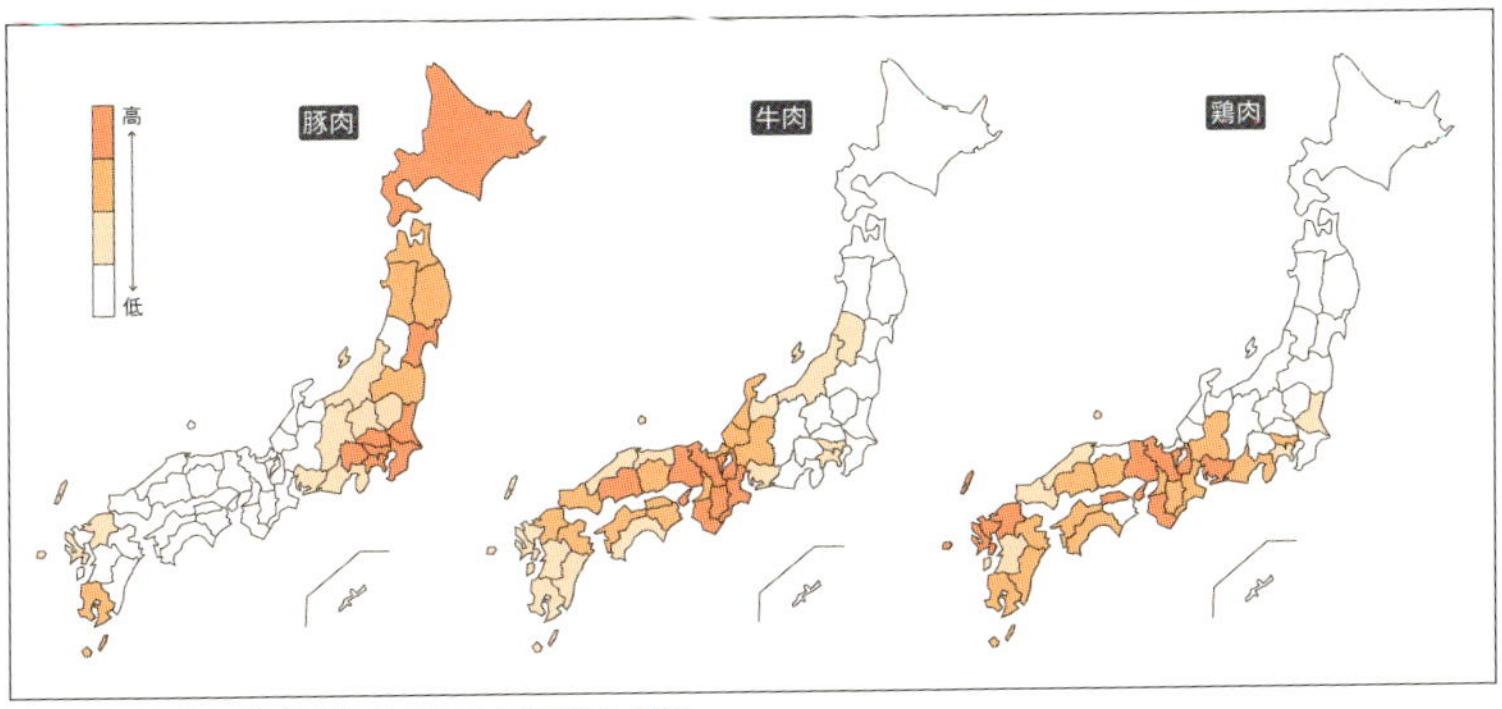

図2　1963年の世帯当たりの肉の年間購入金額

【※1】香川明夫監修「動物性たんぱく質比率の年次推移」「食品群別摂取量の年次推移」『七訂 食品成分表2017』（女子栄養大学出版）（2017年）
【※2】厚生労働省「平成27年国民健康・栄養調査報告」
【※3】添田孝彦「日本の大豆食文化研究［4］」『食品と容器』第43巻第12号（2002年）
【※4】鈴木秀夫ら、『日本の食生活』（朝倉書店）（1984年）（注）ただし、沖縄は1972年5月15日に日本に復帰したため、1963年の統計には登場していない。

調理科学の目２

牛肉の好みに地域差・年代差はあるのか

飯田文子（日本女子大学教授）

かつて、肉の嗜好は関西の牛肉、関東の豚肉といわれ、関西と関東に地域差があったとされます。本誌に登場する牛肉料理もほとんどが西日本のものですが、私共の2000年に行なった300人の調査（※1）からは、嗜好についてはほぼ地域差は感じられませんでした。図1では牛肉のみ示していますが、牛肉を「大好き」と答えた割合は、中国四国・近畿地方はやや多く、東海・関東地方は少なくなっています。東北・北海道地方はまた牛肉好きが多く、関西と関東ではそれほど顕著な違いはないと思われます。現在は人も食べ物もいろいろな地域との行き来が頻繁なため、肉の嗜好の地域差が少なくなっているといえるのではないでしょうか。

牛肉について、別の調査（※2）をみてみましょう。和牛における霜降り（脂肪交雑）度合に対する嗜好は、年齢差（年代差）が大きいといえます。図2に示したように、20代以下と30代以上では、霜降りに対する価値観が大きく異なるようです。とくに50代以上は霜降り好きが多いといえましょう。これは若い年代は肥満につながる肉の脂肪を避ける傾向があるのに対し、50代以上は、霜降りのもつ高級感や肉のやわらかさを好むことからと考えられそうです。

どのような牛肉を求めているのかは、肉質・調理方法も含めて、変遷しています。すき焼きやしゃぶしゃぶのような短時間さっと火を通す調理法に適するのはやわらかい霜降りの多い肉で、和牛は消費者の嗜好に合わせて肉質の改良が進められてきました。そこで、肉質等級の評価には、脂肪交雑度が決め手となり、等級の最も高いA5ランクの牛肉のなかには、脂肪含量が50％を超える肉も少なくありません。ただ、50％を超える脂肪量では、本来の肉のおいしさであるうま味（グルタミン酸やイノシン酸などのアミノ酸由来の味）より脂の味が強くなってしまいます。牛肉のおいしさには、食感・香り・味のバランスが重要です。脂肪が多くやわらかくても、うま味の薄い肉になってしまっては本末転倒です。

かつては牛鍋のように牛肉の調理は煮る方法が多かったようですが、現在は、すき焼きよりも焼肉がよく食べられているという調査結果（※3）もあります。また、健康志向の高まりから脂肪交雑の少ない赤身肉も好まれるようになりました。どのような肉をおいしいと思うのか、その嗜好は年齢や調理方法で違いがありそうです。

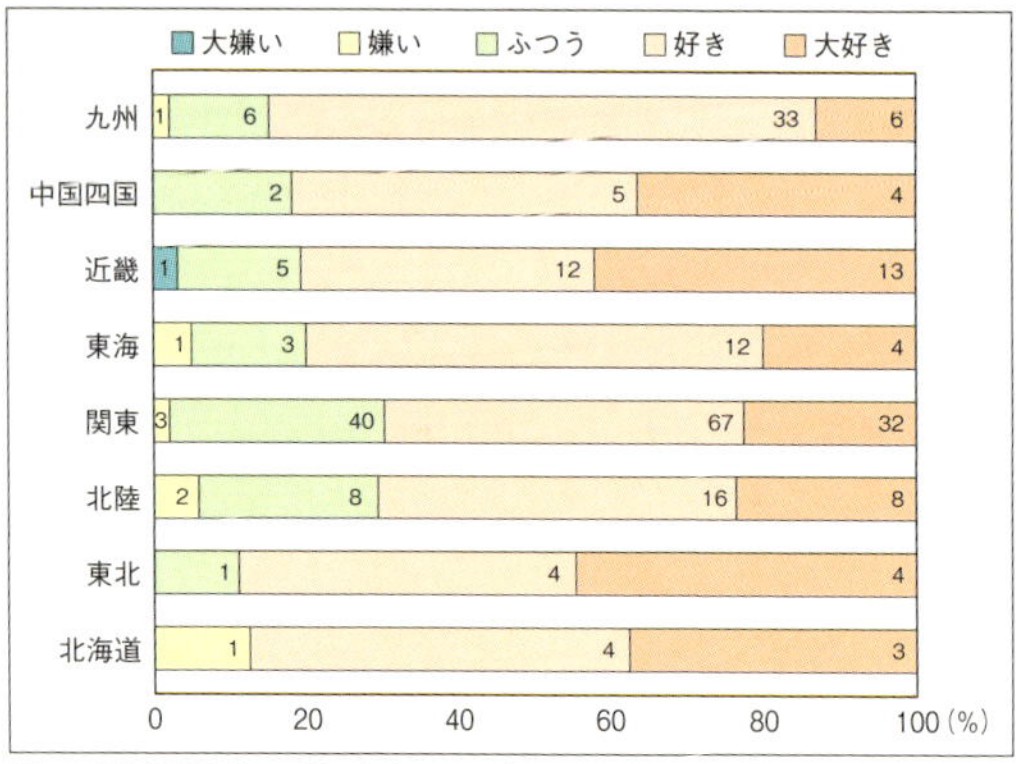

図1　地域別牛肉の嗜好度（n=300）

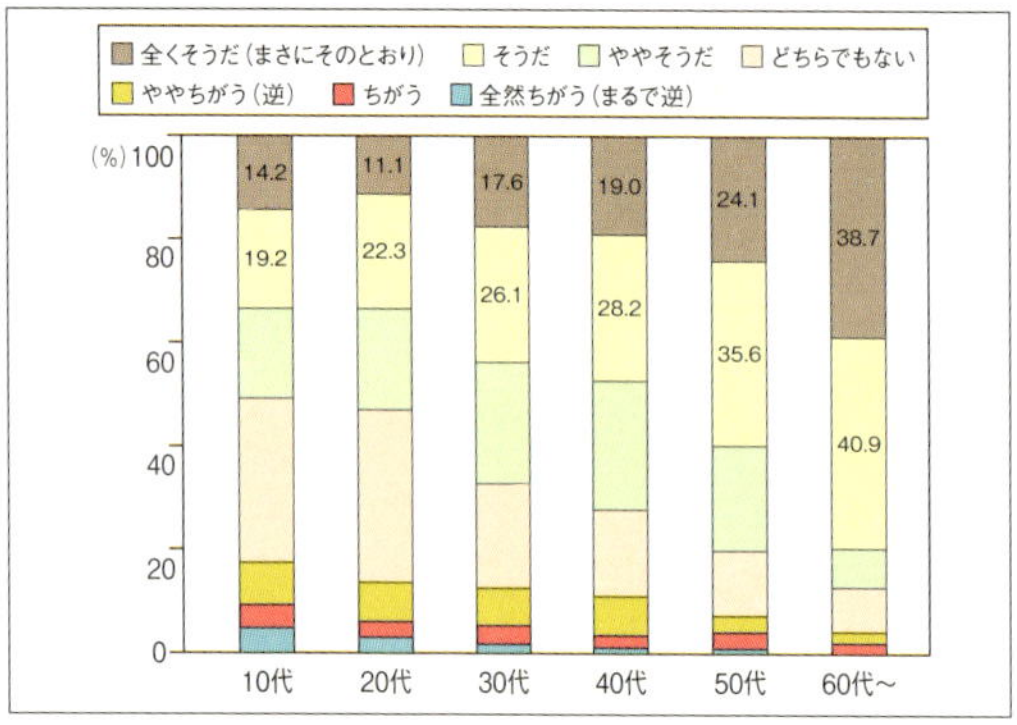

図2　年代別　霜降り嗜好度（牛肉は霜降りが美味しい）（n=1000）

【※1】飯田文子「消費者の求める食肉のおいしさ」『養鶏の友』２０１２年４月号
【※2】飯田文子・山口静子・入江正和「日本人の牛肉嗜好に関する意識調査―脂肪交雑量への価値意識」『日本畜産学会第１０７回大会　要旨集』（２００７年）
【※3】山口静子、飯田文子、入江正和「日本人の牛肉嗜好に関する意識調査―牛肉嗜好の基本構造」『日本畜産学会第１０７回大会　要旨集』（２００７年）

都道府県別　掲載レシピ一覧

●1つが掲載レシピ1品を表します。

素材別索引

※調味料、つけあわせは含めない。項目、素材ごとに五十音順。

本文中に掲載した協力者の方々以外にも、調査・取材・撮影等でお世話になった方々は各地にたくさんおいでです。ここにまとめて掲載し、お礼を申し上げます。（敬称略）

青森県
さんのへ農産加工友の会、津軽あかつきの会、中南地域県民局地域農林水産部農業普及振興室、笹森得子

宮城県
木幡みつよ

福島県
大沼光子、橘内ミチ、佐藤隆昭、大橋芳輝、大橋克之、柳沼泰衛

茨城県
渡邉製麩店、真盛堂

群馬県
永井篤巳

岐阜県
大前のり子、伊藤あけみ

大阪府
森川雅恵、森川千代子、谷聿子、平田久栄、吉尾禮子、松本美恵子、休斉敏彦・美和子、南口昌太郎、平岡君子

和歌山県
和歌山県各振興局（大東京子、西美保、武田眞理、森博子）

島根県
島根県食生活改善推進協議会、島根県立大学（平成28年度学術研究特別助成金）

徳島県
川人満代、浦上喜久子

愛媛県
平岡輝美、宮本三枝子、薬師寺美保、山崎京子、山下仁佐栄、愛媛県南予地方局産業振興課地域農業室・河野清隆

高知県
松崎淳子、小松利子

長崎県
長崎県壱岐振興局農林水産部農業振興普及課、新上五島町役場健康保険課、対馬市健康づくり推進部健康増進課

大分県
吉良スナエ

宮崎県
田中幸生、興梠秀文、猪俣秀義、中崎久米子、甲斐敦子

鹿児島県
四元義輝、四元まゆみ、鹿児島純心女子大学、鹿児島県食生活改善推進委員会（森永靖子、兒玉香）、小島摩文、竹下妙子

「伝え継ぐ 日本の家庭料理」各都道府県著作委員会の著作委員一覧（2017年12月現在）

北海道　菅原久美子（札幌国際大学短期大学部）／菊地和美（藤女子大学）／坂本恵（札幌保健医療大学）／木下教子（北翔大学）／土屋律子（元北翔大学）／藤本真奈美（光塩学園女子短期大学）／村上知子（元北海道教育大学）／山口敦子（天使大学）／佐藤恵（光塩学園女子短期大学）／伊木亜子（函館短期大学）／畑井朝子（元函館短期大学）／宮崎早花（酪農学園大学）／田中ゆかり（光塩学園女子短期大学）

青森県　北山育子（東北女子短期大学）／安田智子（東北女子短期大学）／真野由紀子（東北女子短期大学）／熊谷貴子（青森県立保健大学）／今井美和子（東北栄養専門学校）／澤田千晴（東北女子短期大学）／下山春香（東北女子短期大学）

岩手県　髙橋秀子（修紅短期大学）／魚住惠（岩手県立大学盛岡短期大学部）／菅原悦子（岩手大学）／村元美代（盛岡大学）／長坂慶子（岩手県立大学盛岡短期大学部）／松本絵美（岩手県立大学盛岡短期大学部）／岩本佳恵（岩手県立大学盛岡短期大学部）／渡邉美紀子（修紅短期大学）／冨岡佳奈絵（修紅短期大学）／佐藤佳織（修紅短期大学）／阿部真弓（修紅短期大学）

宮城県　高澤まき子（仙台白百合女子大学）／野田奈津実（尚絅学院大学）／宮下ひろみ（仙台白百合女子大学）／和泉眞喜子（尚絅学院大学）／濟渡久美（東北生活文化大学短期大学部）／矢島由佳（仙台白百合女子大学）

秋田県　高山裕子（聖霊女子短期大学）／熊谷昌則（秋田県総合食品研究センター）／長沼誠子（元秋田大学）／山田節子（聖霊女子短期大学）／三森一司（聖霊女子短期大学）／髙橋徹（秋田県総合食品研究センター）／逸見洋子（秋田大学）／大野智子（青森県立保健大学）／駒場千佳子（女子栄養大学）

山形県　齋藤寛子（山形県立米沢栄養大学）／宮地洋子（仙台青葉学院短期大学）／平尾和子（愛国学園短期大学）／佐藤恵美子（元新潟県立大学）

福島県　阿部優子（郡山女子大学短期大学部）／加藤雅子（郡山女子大学短期大学部）／會田久仁子（郡山女子大学短期大学部）／石村由美子（郡山女子大学短期大学部）／中村恵子（福島大学）／横田和子（郡山女子大学）／津田和加子（桜の聖母短期大学）／福永淑子（文教大学）

茨城県　渡辺敦子（茨城キリスト教大学）／荒田玲子（常磐大学）／吉田恵子（つくば国際大学）／石島恵美子（茨城大学）／飯村裕子（常磐大学）／野口元子

栃木県　名倉秀子（十文字学園女子大学）／藤田睦（佐野日本大学短期大学）

群馬県　綾部園子（高崎健康福祉大学）／堀口恵子（東京農業大学）／神戸美恵子（高崎健康福祉大学）／阿部雅子（高崎健康福祉大学）／高橋雅子（明和学園短期大学）／永井由美子（元明和学園短期大学）／渡邉静（明和学園短期大学）

埼玉県　島田玲子（埼玉大学）／河村美穂（埼玉大学）／土屋京子（東京家政大学）／加藤和子（東京家政大学）／成田亮子（東京家政大学）／名倉秀子（十文字学園女子大学）／木村靖子（十文字学園女子大学）／松田康子（女子栄養大学）／駒場千佳子（女子栄養大学）／徳山裕美（帝京短期大学）

千葉県　渡邊智子（千葉県立保健医療大学）／柳沢幸江（和洋女子大学）／今井悦子（聖徳大学）／石井克枝（淑徳大学）／中路和子／梶谷節子／大竹由美

東京都　加藤和子（東京家政大学）／宇和川小百合（東京家政大学）／赤石記子（東京家政大学）／伊藤美穂（東京栄養食糧専門学校）／色川木綿子（東京家政大学）／大久保洋子（元実践女子大学）／香西みどり（お茶の水女子大学）／佐藤幸子（実践女子大学）／白尾美佳（実践女子大学）／成田亮子（東京家政大学）

神奈川県　櫻井美代子（東京家政学院大学）／大越ひろ（元日本女子大学）／増田真祐美（成立学園高等学校）／大迫早苗（相模女子大学）／酒井裕子（相模女子大学）／清絢／小川暁子（神奈川県農業技術センター）／河野一世（奈良食と農の魅力創造国際大学校）／津田淑江（元共立女子短期大学）

新潟県　佐藤恵美子（元新潟県立大学）／太田優子（新潟県立大学）／立山千草（新潟県立大学）／山口智子（新潟大学）／伊藤直子（新潟医療福祉大学）／玉木有子（大妻女子大学）／伊藤知子（新潟県栄養士会）／小谷スミ子（元新潟大学）／山田チヨ（新潟県栄養士会）／松田トミ子（新潟県栄養士会）／長谷川千賀子（悠久山栄養調理専門学校）／渡邊智子（千葉県立保健医療大学）

富山県　深井康子（富山短期大学）／守田律子（富山短期大学（非））／原田澄子（金沢学院短期大学）／稗苗智恵子（富山短期大学）／中根一恵（富山短期大学）

石川県　新澤祥惠（北陸学院大学短期大学部）／川村昭子（元金沢学院短期大学）／中村喜代美（北陸学院大学短期大学部（非））

福井県　佐藤真実（仁愛大学）／森恵見（仁愛女子短期大学）／谷洋子（元仁愛大学）／岸松静代（元仁愛女子短期大学）

山梨県　時友裕紀子（山梨大学）／柘植光代（東京学芸大学（非））／阿部芳子（元相模女子大学）／松本美鈴（大妻女子大学）／坂口奈央（山梨県立北杜高等学校）

長野県　中澤弥子（長野県短期大学）／吉岡由美（長野県短期大学）／高崎禎子（信州大学）／小木曽加奈（長野県短期大学）／小川晶子（長野県短期大学）

岐阜県　堀光代（岐阜市立女子短期大学）／西脇泰子（岐阜聖徳学園大学短期大学部）／長屋郁子（岐阜市立女子短期大学）／坂野信子（東海学園大学（非））／木村孝子（東海学院大学）／辻美智子（名古屋女子大学）／横山真智子（各務原市立桜丘中学校）／山根沙季（中京学院大学短期大学部）／長野宏子（元岐阜大学）

静岡県　新井映子（静岡県立大学）／高塚千広（東海大学短期大学部）／市川陽子（静岡県立大学）／伊藤聖子（静岡県立大学）／神谷紀代美（浜松調理菓子専門学校）／川上栄子（常葉大学）／清水洋子（静岡英和学院大学短期大学部）／竹下温子（静岡大学）／中川裕子（日本大学短期大学部）／村上陽子（静岡大学）

愛知県　西堀すき江（東海学園大学）／小出あつみ（名古屋女子大学）／近藤みゆき（名古屋文理大学短期大学部）／石井貴子（名古屋文理大学短期大学部）／小濱絵美（名古屋文理大学短期大学部）／加藤治美（名古屋文理大学短期大学部）／山内知子（名古屋女子大学）／松本貴志子（名古屋女子大学短期大学部）／間宮貴代子（名古屋女子大学）／伊藤正江（至学館大学）／森山三千江（愛知学泉大学）／山本淳子（愛知学泉短期大学）／野田雅子（愛知淑徳大学（非））／菱田朋香（名古屋市立大学病院）／亥子紗世（元東海学園大学）／筒井和美（愛知教育大学）／熊谷千佳（東海学園大学）

三重県　磯部由香（三重大学）／飯田津喜美（三重短期大学）／水谷令子（元鈴鹿大学）／成田美代（元三重大学）／平島円（三重大学）／久保さつき（鈴鹿大学）／鷲見裕子（高田短期大学）／乾陽子（鈴鹿大学短期大学部）／駒田聡子（皇學館大学）／阿部稚里（三重短期大学）／奥野元子（元島根県立大学短期大学部）／萩原範子（元名古屋学芸大学短期大学部）／小長谷紀子（安田女子大学）

滋賀県　中平真由巳（滋賀短期大学）／高橋ひとみ（滋賀短期大学）／石井裕子（武庫川女子大学）／小西春江（園田学園女子大学短期大学部）／久保加織（滋賀大学）／堀越昌子（京都華頂大学）

京都府　湯川夏子（京都教育大学）／豊原容子（京都華頂大学）／河野篤子（京都女子大学）／桐村ます美（元成美大学短期大学部）／坂本裕子（京都華頂大学）／米田泰子（元京都ノートルダム女子大学）／福田小百合（京都文教短期大学）

大阪府　東根裕子（大阪青山大学）／八木千鶴（千里金蘭大学）／阪上愛子（元堺女子短期大学）／澤田参子（元奈良文化女子短期大学）／原知子（滋賀短期大学）／山本悦子（大阪夕陽丘学園短期大学）

兵庫県　田中紀子（神戸女子大学）／片寄眞木子（元神戸女子短期大学）／坂本薫（兵庫県立大学）／富永しのぶ（兵庫大学）／本多佐知子（神戸山手短期大学）／中谷梢（学）（兵庫県立大学）／作田はるみ（神戸松陰女子学院大学）／原知子（滋賀短期大学）

奈良県　喜多野宣子（大阪国際大学）／志垣瞳（帝塚山大学（非））／三浦さつき（奈良佐保短期大学（非））／島村知歩（奈良佐保短期大学）

和歌山県　青山佐喜子（大阪夕陽丘学園短期大学）／三浦加代子（園田学園女子大学）／川原崎淑子（元園田学園女子大学短期大学部）／橘ゆかり（神戸松蔭女子学院大学）／川島明子（園田学園女子大学）／千賀靖子（元樟蔭東短期大学）

鳥取県　松島文子（鳥取短期大学）／板倉一枝（鳥取短期大学）

島根県　石田千津恵（島根県立大学短期大学部）／藤江未沙（松江栄養調理製菓専門学校）

岡山県　藤井わか子（美作大学短期大学部）／青木三恵子（山陽学園短期大学）／小川眞紀子（ノートルダム清心女子大学）／槇尾幸子（元中国学園大学）／大野婦美子（くらしき作陽大学）／藤堂雅恵（研）（美作大学）／人見哲子（美作大学）／新田陽子（岡山県立大学）／我如古菜月（岡山県立大学）／加賀田江里（中国短期大学）／藤井久美子（山陽学園大学）

広島県　岡本洋子（広島修道大学）／村田美穂子（広島文化学園短期大学）／渡部佳美（広島女学院大学）／石井香代子（福山大学）／奥田弘枝（元広島女学院大学）／海切弘子（学）（広島大学大学院）／上村芳枝（比治山大学）／木村留美（広島国際大学）／近藤寛子（福山大学）／渕上倫子（元福山大学）／前田ひろみ（広島文化学園短期大学）／木村安美（中村学園大学）／高橋知佐子（福山大学）／塩田良子（広島文教女子大学）／政田圭子（元鈴峯女子短期大学）／小長谷紀子（安田女子大学）／山口享子（中国学園大学（嘱））／北林佳織（比治山大学）

山口県　五島淑子（山口大学）／園田純子（山口県立大学）／池田博子（元西南女学院大学短期大学部）／櫻井菜穂子（宇部フロンティア大学短期大学部）／福田翼（水産大学校）／廣田幸子（東亜大学）／森永八江（山口大学）／山本由美（元池坊短期大学）

徳島県　髙橋啓子（四国大学）／金丸芳（徳島大学）／松下純子（徳島文理大学短期大学部）／長尾久美子（徳島文理大学短期大学部）／近藤美樹（徳島文理大学）／後藤月江（四国大学短期大学部）／三木章江（四国大学短期大学部）／川端紗也花（四国大学）／坂井真奈美（徳島文理大学短期大学部）

香川県　次田一代（香川短期大学）／加藤みゆき（元香川大学）／川染節江（元明善短期大学）／渡辺ひろ美（香川短期大学）／村川みなみ（香川短期大学）

愛媛県　亀岡恵子（松山東雲短期大学）／宇高順子（愛媛大学）／香川実恵子（松山東雲女子大学（非））／武田珠美（熊本大学）／皆川勝子（松山東雲短期大学）

高知県　小西文子（東海学院大学）／五藤泰子（東海学院大学）／野口元子／福留奈美（お茶の水女子大学（非））

福岡県　三成由美（中村学園大学）／松隈美紀（中村学園大学）／宮原葉子（中村学園大学（非））／入来寛（中村学園大学）／御手洗早也伽（中村学園大学）／熊谷奈々（中村学園大学）／大仁田あずさ（元中村学園大学）／八尋美希（近畿大学九州短期大学）／秋永優子（福岡教育大学）／川島年生（中村学園大学）／永田瑞生（九州女子大学）／末田和代（精華女子短期大学）／楠瀬千春（九州栄養福祉大学）／仁後亮介（中村学園大学短期大学部）／伏谷仁美（中村学園大学短期大学部）／吉岡慶子（元中村学園大学）／猪田和代（太刀洗病院）／山本亜衣（九州女子大学）

佐賀県　西岡征子（西九州大学短期大学部）／副島順子（西九州大学）／武富和美（西九州大学短期大学部）／萱島知子（佐賀大学）／成清ヨシヱ（西九州大学短期大学部）／橋本由美子（西九州大学短期大学部（非））

長崎県　冨永美穂子（長崎県立大学）／久木野睦子（活水女子大学）／石見百江（長崎県立大学）

熊本県　秋吉澄子（尚絅大学短期大学部）／北野直子（元熊本県立大学）／戸次元子（老健施設もやい館）／川上育代（尚絅大学）／原田香（尚絅大学短期大学部）／中嶋名菜（熊本県立大学）／小林康子（尚絅大学短期大学部）／柴田文（尚絅大学短期大学部）

大分県　西澤千惠子（元別府大学）／篠原壽子（東九州短期大学）／立松洋子（別府大学短期大学部）／望月美左子（別府溝部学園短期大学）／高松伸枝（別府大学）／宇都宮由佳（青山学院女子短期大学）／山嵜かおり（東九州短期大学）／麻生愛子（東九州短期大学）

宮崎県　篠原久枝（宮崎大学）／長野宏子（元岐阜大学）／磯部由香（三重大学）／秋永優子（福岡教育大学）

鹿児島県　森中房枝（鹿児島純心女子大学）／木之下道子（鹿児島純心女子大学）／進藤智子（鹿児島純心女子短期大学）／山崎歌織（鹿児島女子短期大学）／木戸めぐみ（鹿児島女子短期大学）／大倉洋代（鹿児島女子短期大学（非））／大富あき子（東京家政学院大学）／大山典子（鹿児島純心女子短期大学）／新里葉子（鹿児島純心女子大学）／福元耐子（鹿児島純心女子大学）／山下三香子（鹿児島県立短期大学）／木下朋美（鹿児島県立短期大学）／大富潤（鹿児島大学）／竹下温子（静岡大学）／千葉しのぶ（鹿児島女子短期大学）／久留ひろみ

沖縄県　田原美和（琉球大学）／森山克子（琉球大学）／我那覇ゆりか（宮古島市立西辺小学校）／名嘉裕子（デザイン工房美南海）

左上から右へ　かしわのすき焼き（奈良県大和高田市）、焼き上がったこが焼き（鹿児島県いちき串木野市）、ひきとおしをつくる（長崎県壱岐市）、収穫したへぼの巣（愛知県設楽町津具）、つと豆腐のわらづとの形を整える（茨城県茨城市）、すき焼きをつくる（広島県三次市三和町）、しし鍋をよそう（高知県北川村）、豆乳をしぼる（宮崎県椎葉村）　写真／五十嵐公、長野陽一、高木あつ子

全集

伝え継ぐ 日本の家庭料理

肉・豆腐・麩のおかず

2019年11月10日　第1刷発行
2023年４月20日　第2刷発行

企画・編集
一般社団法人 日本調理科学会

発行所
一般社団法人 農山漁村文化協会
〒335-0022 埼玉県戸田市上戸田2-2-2
☎ 048(233)9351(営業)
☎ 048(233)9372(編集)
FAX 048(299)2812
振替 00120-3-144478
https://www.ruralnet.or.jp/

アートディレクション・デザイン
山本みどり

制作
株式会社 農文協プロダクション

印刷・製本
凸版印刷株式会社

＜検印廃止＞
ISBN978-4-540-19188-6

本扉裏写真／高木あつ子(宮崎県・菜豆腐)
扉写真／五十嵐公(p5、24、80)、長野陽一(p41、66、112)、高木あつ子(p51)

「伝え継ぐ 日本の家庭料理」出版にあたって

一般社団法人 日本調理科学会では、2000 年度以来、「調理文化の地域性と調理科学」をテーマにした特別研究に取り組んできました。2012 年度からは「次世代に伝え継ぐ 日本の家庭料理」の全国的な調査研究をしています。この研究では地域に残されている特徴ある家庭料理を、聞き書き調査により地域の暮らしの背景とともに記録しています。

こうした研究の蓄積を活かし、「伝え継ぐ 日本の家庭料理」の刊行を企図しました。全国に著作委員会を設置し、都道府県ごとに 40 品の次世代に伝え継ぎたい家庭料理を選びました。その基準は次の 2 点です。

①およそ昭和 35 年から 45 年までに地域に定着していた家庭料理
②地域の人々が次の世代以降もつくってほしい、食べてほしいと願っている料理

そうして全国から約 1900 品の料理が集まりました。それを、「すし」「野菜のおかず」「行事食」といった 16 のテーマに分類して刊行するのが本シリーズです。日本の食文化の多様性を一覧でき、かつ、実際につくることができるレシピにして記録していきます。ただし、紙幅の関係で掲載しきれない料理もあるため、別途データベースの形ですべての料理の情報をさまざまな角度から検索し、家庭や職場、研究等の場面で利用できるようにする予定です。

日本全国 47 都道府県、それぞれの地域に伝わる家庭料理の味を、つくり方とともに聞き書きした内容も記録することは、地域の味を共有し、次世代に伝え継いでいくことにつながる大切な作業と思っています。読者の皆さんが各地域ごとの歴史や生活習慣にも思いをはせ、それらと密接に関わっている食文化の形成に対する共通認識のようなものが生まれることも期待してやみません。

日本調理科学会は 2017 年に創立 50 周年を迎えました。本シリーズを創立 50 周年記念事業の一つとして刊行することが日本の食文化の伝承の一助になれば、調査に関わった著作委員はもちろんのこと、学会として望外の喜びとするところです。

2017 年 9 月 1 日

一般社団法人 日本調理科学会　会長　香西みどり

＜日本調理科学会 創立 50 周年記念出版委員会＞
委員長　香西みどり(お茶の水女子大学教授)
委　員　石井克枝(千葉大学名誉教授)
同　今井悦子(聖徳大学教授)
同　真部真里子(同志社女子大学教授)
同　大越ひろ(日本女子大学名誉教授)
同　長野宏子(岐阜大学名誉教授)
同　東根裕子(甲南女子大学准教授)
同　福留奈美(東京聖栄大学准教授)